人気サロンに学ぶ
なぜかまた会いたくなる
魔法のカウンセリング

It learns to a popular salon.
The reason why "Magical Counseling" makes you to repeat visiting.

エステ王子こと
小野浩二

ぱる出版

はじめに

「エステティックは一生のお仕事」

「エステティックはお客様に癒しを与える、最高の仕事」


そんな思いでサロンを始められる方が多いのではないでしょうか。

期待に胸を膨らませ、サロンをオープン。

広告を出し、新規のお客様は少しずつ来るようになった。

でもなかなかリピートしない。一生懸命に勉強し知識を身につけ、施術も学び、お客様にはたくさんの知識を提供し、いろんなアドバイスもしている。

おそらく、施術にも満足してくれている……。

でも、なぜか、リピーターが増えない……。


このような悩みを持っているサロンがたくさんあるようです。

私のところにも、なぜリピーターが増えないのかという相談がよくあります。

そんなサロンでの印象は、こんなかんじです。


雰囲気もいいし、施術は気持ちいい……でも……

このサロンには何か足りないなぁ……

気持ちはよかったけど、特に楽しくはなかったかなぁ……

良かったけど、次にもう一度来たいとは思わないなぁ……


本当にもったいないなぁ……


最高のサービス、最高のおもてなしを提供したい。

そんなふうに思ってお客様に接しているのではないでしょうか。

しかし「身につけた知識と施術で結果を出す！」と意気込むあまりに、結果だけにこだわりすぎてはいませんか？

サロンにいらっしゃるお客様は、**結果だけを求めているわけではありません。**

もちろん結果を出すことは、サロンのサービスとしては絶対的に必要なこと。でもそれだけでは、最高のサービス、最高のおもてなしにはなりません。

なぜなら結果を出すことは、サロンとして「当たり前」のことをしているだけだからです。

お客様がサロンに来店されてからお帰りまでの時間のすべてが、サロンのサービスであると考えていますか？

施術に関しては、メニューに明記された料金をいただいているので、サービスと考えていると思います。しかし、お客様は施術に対する料金だけを払っているのではなく、その**時間に料金を払っているのです**。

つまり、施術だけがサービスではないということです。「カウンセリングやお客様との普段の会話、雑談もサービスである」ととらえることが必要です。

カウンセリングのときに、一方的なご提案になっていることがありませんか？

「一生懸命に覚えた知識」、「サロンで行っている最高のプラン」。

自分がいいと思うことを、一生懸命に提案する。

一歩間違えれば、ただの押し売りです……。

カウンセリングで大切なのは、お客様が何を求めているかすべてお聴きし、そのことに対して、ご提案していくことです。エステティシャンが最高のプランだと思っていることが、お客様にとっては最高でないということが多々あるのです。

この**「お客様とのギャップ」を埋めることができて初めて、お客様はサロンのサービスに納得する**のです。

ギャップを埋めることができるのは、カウンセリングだけです。

私がサロンさんからなぜリピートしないかという相談を受けた場合、最初に聴くのはカウンセリングについてです。

カウンセリングの時間は、お客様としっかり話ができて、自分のことも伝えられる大切な時間です。気に入っていただけるかどうか、また来てくれるかどうかは、施術はもちろんですが、**カウンセリングが大きなウエイトを占めている**のです。

多くのエステティシャンは技術を学ぶことに必死になります。

でも、せっかく学んだその技術が、お客様が求めていないものだったらどうでしょう？　意味がありません。

カウンセリングや会話でお話をしっかりと聴き、ニーズを確かめてから施術をするからこそ、学んだテクニックが生きてくるのです。

施術に満足させられるかどうかは、カウンセリングが重要ということです。

最高のホスピタリティ、最高のおもてなしを掲げているなら、技術、接客はもちろん、カウンセリング、雑談にいたるすべてを上質なものにしなければなりません。

サロンのリピート率の向上は、お客様が求めていることに対して的確に対応できているかどうかが重要です。

一方的なアドバイスや指導、施術だけではなく、お客様が納得するカウンセリング、気持ちよく会話ができる雑談力も含まれるのです。サロン内で行われるすべてがサービスです。

今回は、見落としがちなカウンセリングや接客、雑談に焦点を当て執筆いたしました。

カウンセリングで押し売りにならない話し方や質問の仕方、お客様が気持ちよく会話できるコツなど、私がどうやってお客様とカウンセリングをしてきたのか、会話をしていたのか、実際の例を挙げ、具体的に説明しています。

これはエステティシャンだけではなく、接客業に関わるすべての方に読んでいただきたい内容です。

普段のサロンでのカウンセリング、お客様との会話など、接客の中に活かしていただければ幸いです。

人気サロンに学ぶ　なぜかまた会いたくなる　魔法のカウンセリング　もくじ

第1章　カウンセリングと接客が、お客様の満足度を決める

第2章 人気サロンのカウンセリングは「ここまで」やる

第3章 「また会いたくなる」魔法の会話力を身につける

第4章 カウンセリングの前におさえておくこと

第5章　お客様の「心理」を徹底的に理解する

第1章

カウンセリングと接客が、お客様の満足度を決める

1 そもそも、カウンセリングってなに？

エステサロンに来店されるお客様はまず、カウンセリングを受けます。主な目的としては、お客様の悩みを聴き、コミュニケーションをとり、お客様に対し、正しいダイエット法やスキンケア法などを提案していきます。

これは、本来のカウンセリングではなく、お客様にたいしてのコンサルテーションと言えます。

現在「カウンセリング」という言葉は、主に「人の話を聴く」という意味で、エステサロンだけではなく、いろいろな場面や業種で使われています。

しかし、本来のカウンセリングとは、お客様の抱える問題や悩みなどに対し、専門的な知識や技術を用いて、相談にのることです。

メンタルヘルスケアでカウンセリングを行うカウンセラーとは、お客様に寄り添って理解する人のことをいいます。カウンセラーは決して医師のように治療することはできません。また、カウンセラーは指導者ではありません。

カウンセリングとは、お客様の**本当の心の声を聴かせていただくこと**なのです。

あなたは「カウンセリング」をこんなふうに考えていませんか？

◇治してあげなくてはいけない。
◇何かいいアイディアを提供しなければいけない。
◇私のアドバイスに従ってもらいたい。
◇私のアイディアを教えてあげる。
◇私がどうにかしてあげる。
◇間違いを正してあげたい。
◇私の体験談を教えてあげたい。
◇もっとこうしたほうがいいのに…。

本当のカウンセリングとは、いつもお客様の心に寄り添うということです。
カウンセラーは、いつもお客様の味方でなければいけません。
世界中が敵になっても、誰にも理解してもらえないような考え方でも、その人の考え方を受け入れ、理解しようと努めることです。

答えは、必ずお客様の中にあります。

このことは、サロンにおいてお客様と会話をしているとき、接客中に、かならず意識したいところです。
お客様のお話を聴き、しっかりと寄り添うことが「癒し」となるのです。

+Point 1

「心に寄り添う」ことが、何よりも大切！

2 どうしてカウンセリングが必要なの？

カウンセリングはなぜ行うのか？
サロンではカウンセリング（コンサルテーション）をすることで、サロンの内容や信頼を伝えることができます。ご満足いただければ結果としてリピーターが増えることとなり、サロンの売上アップにもつながるのです。

しかしながら、売上を上げるためのサロンでのカウンセリングと、お客様の問題を解決するためのメンタルヘルスカウンセリングでは違いがあります。

誰にだって、悩みや迷い、心が疲れることはあります。1人で答えを出していくことは、簡単ではありません。

誰かに相談したくなったり、話を聞いてもらいたくなったりするとき、カウンセラーは、問題を解決するためにアドバイスをするのではなく、お客様が「本当の自分」を見つけ出すお手伝いをするのです。決して、カウンセラーが持つ答えをご提案をするのではありません。

答えを見つけるのは、あくまでもお客様です。やっと見つけた答えを拾い上げるのもお客様なのです。

お客様が答えを拾い上げるその手に、カウンセラーが優しく手を添えるのです。

カウンセラーは、真っ暗な道の中に立っているお客様の足元を照らし、手を取り、ゴールまで一緒に歩み、エスコートしていく。これが本来の役割と言えます。問題を解決するだけがカウンセリングの目的ではありません。

お客様が、疲れていたら、休憩も必要です。常にお客様のペースに合わせて、一緒に歩んでいきましょう。

カウンセリングは、**お客様と歩んでいくプロセスが最も大事なのです。**

3 カウンセリングの基本スタイル

カウンセリングの基本はまず、話を「聴く」ことです。私たちが上手に話を聴くことができれば、お客様に気持ち良く話していただけます。

これは、カウンセリングに限らず、友人からの相談や、恋人との話、お客様との雑談でも同じようなことが言えるでしょう。

サロンによくあるのは、お客様の話をしっかり聴かず、一方的な提案やアドバイスをすることです。

一般的に正しいことをお伝えしたとしても、そのお客様個人に対して当てはまった提案かどうかはわかりません。提案やアドバイスが優先されてしまうと、お客様は押し付けに感じることがあります。

まず、お客様の話を聴くことが基本と心得ましょう。

4 お客様に対して「否定・反論」は、しない

否定や反論をされると人は心を閉ざすことがあります。カウンセラーはお客様の話してくれた内容に対し、考え方や意見が間違っていても「否定・反論」をしてはいけません。

たとえ自分とは違う考え方であっても、どんなことであってもです。

まず、お客様が「そう思う」「そう考える」と言われることは、個人の自由だと認識します。お客様の考えを、受け入れましょう。

【否定・反論、悪い例】

会社の先輩と後輩の中でよくある会話です。

後輩「私、入社1か月なんだけど仕事が合わないような気がして、もう辞めようと思っているんです」
先輩「まだ入社1か月でしょう？　この会社の仕事の、何がわかったんだよ。この程度で辞めちゃダメだよ！」

「悪い例」のほうは先輩としてのアドバイスなのかもしれませんが、**実は後輩だって、そんなことはわかっているのです**。その上で、相談しています。

まずは否定や反論をするのではなく、後輩の話を受け入れ、気持ちや考えを聴くことが大切です。

否定や反論をした時点で、本音が出てこなくなってしまいます。


【よい解答の一例】

「そうかぁ。どんな時にそう思うの？」

「そう考えているんだね。いつからそんなふうに思ってるの？」

5
「自分の話」は、極力しない

自分が話をしているときに、横から割って話に入ってこられた経験はたくさんあると思います。

自分が楽しかった話をたくさんしたいと思っているのに、別の人に似たような話をされ、自分の話がさえぎられたら、あまりいい気はしません。

とくにサロンには、自分の話を聞いてほしいと思ってくるお客様がたくさんいらっしゃいます。

自分の得意分野や、知っている話、お客様と同じ体験をした時などに起こりやすいのですが、お客様の話を決して横取りしてはいけません。

お客様が話をしているときは、最後までしっかりと聴くことに徹しましょう。

人は、知っている話や、興味ある内容であればあるほど、自分も話したくなるものです。

しかし、カウンセリングは友達との雑談とは違います。自分も話したい気持ちはグッとおさえて、お客様の話を聴かせていただきましょう。上手に聴いて、お客様の話しやすい環境を作りましょう。

【自分の話、悪い例】

お客様「このあいだ友達と遊園地に行ったら、とっても空いていたんですよ」
カウンセラー「私も久しぶりに遊園地に彼氏と行ったんですけどね、すごく空いていましたよ！」

この場合お客様の話をカウンセラーがさえぎってしまっています。自分の話をしていては、カウンセリングになりません。

本来であれば、お客様がたくさん話せるようにしなければなりません。

自分の話はあくまでも二の次です。
このようなときは、次のように質問を返してみましょう。

【よい解答の一例】

「お友達と遊園地ですか！　いいですね」
「空いていたんですね！　どうでしたか？」

お客様がよりたくさんの話をできるような環境を整えてあげましょう。

+ Point 1

相手が話しやすい環境を積極的につくっていく！

6 お客様の話を、軽んじない

どんな話でも、相手の話をしっかりと受け止めることが大切です。

どのような気持ちでそう言ったのか。

なぜそんな考え方をしたのか。

相手の気持ちがわからないうちに、話を軽んじてしまわないようにしましょう。

相手を励ますつもりで言ってしまうこともありますが、それが正しいとは限りません。

また、自分は軽い話だと思っていても、相手にとっては重い悩みだったりする場合があります。まずはどんな話であっても相手の気持ちを受け止めてから、判断しましょう。

【相手の話を軽んじる、悪い例】

お客様「私、仕事が辛くて辞めようと思ってるんだ」

カウンセラー「そんなの、みんな同じですよ！」

みんな同じかどうかは、実はわかりません。自分の個人的な思い込みだけで、気軽に返答をするのは避けましょう。

【よい解答の一例】

「そう思っているんですね。何があったんですか？」

「やめようと思うほどのことがあったんですね。いつからそんなふうに思ってらしたんですか」

など、どうしてそんな気持ちや考えになったのか聴かせていただきましょう。

+ Point 1

個人的な思い込みだけで返事をしてはダメ！

7 求められていないのに、アドバイスしない

これは「指導者」にならない、という意味です。

エステティックにおけるカウンセリングは、あくまでも指導者としての立場からアドバイスや提案をすることが大切です。

しかし、雑談中やリピーター様の悩みなどに対しては、特に提案やアドバイスは必要ない場合が多くあります。

お客様とカウンセラーは、常に対等と考えましょう。

まして、サービス業として行うカウンセリングでは、特に指導者にならないように気をつけなければなりません。

自分の経験から得た答えがある人は、ついついアドバイスしたくなってしまうも

のです。

それが、その人の役に立つと思いがちですが、お客様とあなたは、違う人間です。どんなに似ているところがあろうと、そのときの環境も性格も考え方も、同じとは言えません。

似通ったケースであっても、お客様の話に耳を傾け、お客様流の方法を一緒に見つけ出していくのです。

【求められていないのにアドバイスをしてしまう、悪い例】

お客様「私ね、手作りの化粧水を使っているの」
カウンセラー「手作りは優しいようで安全性に欠けるんですよ。だから当店の化粧水を使ったほうがいいですよ」

もっともなアドバイスかもしれませんが、お客様がどういう気持ちで化粧水を手作りしているのかを知らないのに、このようなアドバイスは少し早いのです。まず認めて、受け入れることから始めましょう。

【よい解答の一例】

「そうなんですね！　化粧水を手作りされるなんて素晴らしいですね。手作りで化粧水を作ろうと思ったきっかけは何だったんですか？」

もしかすると、娘さんと一緒に作るその時間が楽しいから作っているのかも知れませんし、市販の物は使えない理由があるのかもしれません。

それらの想像できるすべてを受けとったうえで、もしアドバイスがあるのなら、ご提案という形で「こんな方法もありますよ」と伝え、選べる状態にして差し上げましょう。

+Point 1

「上から目線」の発言になっていないか、常にチェック

8 正しいか間違っているかの判断は、しない（正悪を裁かない）

たとえお客様が明らかに間違っていることをお話ししても、いきなり正悪を裁いてはいけません。

まずそれを話してくれたことに感謝し、「そう考えている」お客様を受け入れてあげましょう。

どんな内容の考えであっても、それを話すことは自由です。カウンセラーは決して裁判官ではありません。まずは黙って聴かせていただき、そう考えるようになった理由や原因はなんなのか？というところから見直していきましょう。

【正悪を裁く、悪い例】

お客様「私、いじめられた上司に、仕返ししてやろうと思うんだよね」

カウンセラー「そんなことしちゃダメですよ！」

お客様も仕返しすることは本来よくないことだと思っているはずです。

でも、なぜ、よくないと思っていることをしようとするのか、これが最も重要なことです。

そのこと自体が正しいことなのか悪いことなのかを判断しないようにしましょう。

まずは、**お客様の気持ちを受け入れることが大事**です

【よい解答の一例】

「そうですか、上司に仕返ししたいくらい大変な思いをされたんですね」

「そう思っていらっしゃるんですね。いったいどんなことがあったんですか？」

9 ほんとうのカウンセリングがもたらすもの

カウンセリングをし、お話を聴かせていただくことで、お客様にどのような効果があるでしょうか？　お客様が欲しているものを上手に引き出して差し上げられれば、そのカウンセリングでさまざまな効果が生まれます。

まず、辛いことや苦しかったことを思い出し、話すことで苦しみに慣れて、だんだんと心が浄化される、「カタルシス効果」があります。

苦しみや恐怖を心の奥底にしまっておくのではなく、専門家に話を聞いてもらいながら心の整理をしていきます。

記憶は、ずっと消えません。嫌な記憶にふたをしてぎゅっと目をつむり、見えないふりをするのではなく、嫌な記憶に慣れて、目の前にチラチラ見えていてもそんなに気にならない、というように心を慣れさせていきます。

そして、その辛い気持ちを、カウンセラーという1人の人間と分かち合うことができます。

きちんとお客様を受け止め、お話を聴くことで自己肯定感を高め、言語によってお客様の自己効力感（自分に対する信頼感など）を高めることができるのです。

お客様は専門家と話をすることで必要な情報を得て、自分の悩みや行動を客観的に見ることができるようになります。話すことで、お客様は自分のほんとうの気持ちに気づいたり、自分の気持ちを整理できるでしょう。

サロンでこのようなカウンセリングを受けられることで、お客様はエステサービスだけではなく、「エステティシャンにお話を聞いてもらいたい」という意味でリピーターになってくださることもあります。

10 実は「雑談」が、とっても重要！

手軽に独立できることなどから、エステサロンを開業したいという方が増え、女性の一生の仕事として、とくに自分1人で行う小さなサロンが増えています。数あるエステサロンの中から、お客様にあなたのサロンを選んでいただかなければなりません。

また、選んでいただいたお客様にはずーっと通っていただきたいはずです。**あなたのサロンを選んでいただく理由はありますか？　そして、リピートしていただく理由はありますか？**

きっと、一生懸命勉強をして知識をつけ、技術に磨きをかけていることと思います。サロン内は髪の毛1本落ちていないくらいピカピカに磨き上げられ、美味しいお茶と清潔感のある服装、素敵な笑顔で迎えてくださるでしょう。

エステティックカウンセリングやアドバイス、技術力、サロン内風紀などを意識していても、「お客様との雑談」にまで気を遣っている方は、実際多くはありません。「サロンに行ったとき、エステティシャンの趣味の話を延々と聞かされた」などという話もよく耳にします。

エステティシャンがアドバイスと思っていることも、お客様には押し付けに感じるなんてこともあります。

カウンセリングやアドバイスはもちろん大切ですが、接客中の雑談も実はリピートしていただくためには重要なポイントになります。

【よくあるケース】

「2月のバレンタインの近いある日のことでした。

私はフェイシャルを受けながら担当エステティシャンのバレンタイン事情の話を延々と聞かされました。バレンタインが近いということで気を利かせて話題を振ってくれたんだとは思いますが、私にとってあまり興味のない話だったので、眠くなってしまい、相槌だけ打ちながら『早く終わらないかなー』などと考えていました」。

本来エステティックというのは、お客様に癒しを提供しなければならないのに、これでは言いたいことをすべて言うことで癒されているのはエステティシャンになってしまいます。

エステティックというのは、フェイシャルやボディマッサージだけが、仕事ではありません。お客様の心を癒す会話も大切な仕事です。

+ Point 1

さりげない「雑談」にも、癒しの要素がある！

11　「ほんとうに話したいこと」を引き出すための質問

日本人の多くは、自分から自慢話はできません。何となく自分から話すと嫌らしさを与えてしまうのではないかと思い、積極的には話さないのです。

しかし、自慢話は誰だってしたいものです。本当は聞かれるのを待っていることも多いんです。エステサロンに来店されるお客様も同じです。**いろんな会話の中に、本当に話したい内容のキーワードが潜んでいます**。

エステティシャンはそのキーワードをしっかりと受け取り、お客様が話したい内容のキーワードをパスしなければなりません。

【真意を受け取る質問の例①】

ある人が箱根へ50人以上という大人数で旅行に行った次の日の話です。

「昨日ね、箱根に行ってきたんだ。大人数でね」

「そうなんだ。どうだった？　箱根は？」

と、相手は聞いてくれました。しかしその人は、箱根がどうだったかよりも、50人以上の大人数で行った、ということこそを話したかったのです。

だから、とてももどかしくて「うん良かったよ！　50人以上で行ったんだけど…」と、箱根の良さを一言で片づけて、聞かれていない自分の興味のある話をもう一度話しました。しかし、結局この50人以上で行ったということには触れてもらえず、会話は終わってしまいました。

本当は50人もの大勢で行って、その中には、こんな人、あんな人、有名人もいたんだよって自慢したかったんです…。


たとえばこんなときに、お客様をもやっとさせないような上手な質問は、

「そうなんだ。大勢で行ったの？　どうだった？　箱根は？」

と、2つのキーワードに触れておくことです。

お客様は自分の話したい部分のパスをしっかり受け取って、その後も気持ちよく

話してくださいます。

【真意を受け取る質問の例②】

友達と沖縄に行ったという話に対して、「沖縄ですか！　いいですねー」だけではなく、「お友達と！　沖縄ですか」と、「お友達」「沖縄」の両方のキーワードに触れましょう。

「友達」の話がしたいのか、「沖縄」の話がしたいのか、この時点ではまだわかりません。

また、エステサロンに来店されたお客様との会話で、お客様が「エステサロンに通っていたことがあって…」と切り出した場合、エステティシャンが「ボディーですか？　フェイシャルですか？」と聞くことがあります。

これは、エステティシャンの側の価値観で、そうではない場合がありますので注意しましょう。

このような質問には、「そのサロンでは何をしに通っていたんですか？」とするほうが、お客様としてはなんとでも答えることができます。

12

「歓迎」「感謝」で、受け入れる

日常生活の中で、人に「ありがとう」「助かったよ」などと感謝の言葉をかけられたときは、誰でも気分がよくなるはずです。

たとえば、前を歩いている人がハンカチを落としたとします。後ろを歩いていたら、おそらく拾ってあげるのではないでしょうか。

「ありがとう」という言葉を聞きたいがためにハンカチを拾うわけではありませんが、そのとき拾ってあげた相手に何も言われず、無愛想にされたらいい気持にはなりません。

逆に笑顔で「助かりました。ありがとうございます」なんて言われたら、拾ってあげてよかったなぁと、一日中いい気分だったりしますよね。

お客様との会話でも同じことが言えます。

普段誰にも話さない悩みをエスティシャンにするわけですから、お客様が話してくれたことには、どんなことでも、まず「私に話してくださって、ありがとうございます」と感謝する気持ちを持つことが大切です。

「私に話してくださってありがとうございます」と、明確に言葉にして差し上げましょう。

私たちエステティシャンに話をしようと、一歩、歩み寄ってくださったお客様の気持ちを歓迎し、感謝し、お話を伺いましょう。

この姿勢が崩れていると、上手な聴き方やカウンセリングはできません。来店してくださることだけに感謝するのではなく、会話をしてくださったこと、悩みを打ち明けてくださったことにも感謝の気持ちをもちましょう。

13

「また来たくなる」サロンにするために

一度来店されたお客様に再び来店してもらうには、エステ技術、アドバイス力が必要です。しかし、私の周りには「あのエステティシャンとお話がしたいからそのサロンへ何回も通う」と評価されているお店がたくさんあります。

これは究極のリピーターと言えます。もちろん、技術や知識力があるのは前提になると思いますが、「会話をしたい」から、「悩みを聴いてほしい」から……とか、あの人と話をすると「元気になる」、「安心する」……なんてことで来店されたら、うれしくなりますよね。

他のエステティシャンではなく、あなたとお話がしたい。そんなふうに思ってもらえたら最高ですね。

第2章

人気サロンのカウンセリングは「ここまで」やる

1 エステティックのカウンセリングとは

この章では、実際のエステティックで行われているカウンセリングを例にとって説明していきます。これは、エステサロンだけでなく、美容室、アロマサロン、整体サロン、接骨院など、様々な分野で活用できます。

エステティックカウンセリングとは、何のために行うのでしょうか？

「お客様の肌や心の状態をしっかりと見極め、ご要望を汲み取り、正しい施術と正しいホームケア、食生活、習慣のアドバイスをするため」、このように理解されている方が多いのではないでしょうか。

ひと昔前は、カウンセリングという名の、強引な勧誘もありました。本来なら、お客様の発言が多くなければなりません。お客様が、黙って何十分も「はい。…はい。そうですね」と話を聞いているようでは、カウンセリングとは言えないのです。

ついつい、しゃべりすぎていませんか？

話すことよりも、聞くことのほうが大きな労力を使います。お客様に、演説していませんか？　カウンセリングの場で演説してもよいのは、お客様だけです。

気持ち良く話していただけるようにエステティシャンは環境を整え、上手な質問と、上手なあいづちでお話を盛り上げます。

お客様に多く話していただくことで、お客様のほんとうに言いたいことや気持ち、環境、悩み、肌トラブルの原因などが見えてくるのです。

エステティックカウンセリングには、

ビフォアーカウンセリング（施術前に行うカウンセリング）
ミドルカウンセリング（施術中に行うカウンセリング）
アフターカウンセリング（施術後に行うカウンセリング）

があります。それぞれのカウンセリングで、役割が違ってきます。

2 ビフォアーカウンセリング【聴く】

ビフォアーカウンセリングは、お客様が来店され、最初に行うものです。期待と不安を抱えて来店されるお客様との、最初のコミュニケーションの場とも言えます。

サロンによってカウンセリングシートは違うと思いますが、基本的には、カウンセリングシートに沿って進めます。

お肌の悩みや食生活、普段のスキンケア方法、ダイエット方法など、お客様とお話を進めていきます。

ここでは、大きく「**聴くポイント**」と「**伝えるポイント**」に分けて解説していきます。

【聴くポイント】

①来店動機
②悩みを伺う

ビフォアーカウンセリングの一番大事なポイントです。

ここが、お客様のニーズになります。

お客様が「このサロンに何を買いに来たのか？」「なんのために来店されたのか？」をしっかり聴くことです。


たとえばラーメン屋さんなら、ラーメンを食べに来た、まではわかりやすいのですが、ラーメンは何味をご希望なのか、薄味なのか、濃い味なのか、トッピングは何がお好みかなどは、お客様にしっかりと聞かなければわからないことです。


エステサロンでも同様のことが言えます。

たとえばニキビコースなら、次のようなことを確認します。

◇どの程度のニキビなのか？
◇いつから気になっているのか？
◇どのくらい気になっているのか？
◇何が原因なのか？
◇食生活に原因があるのか？
◇ストレスが原因なのか？
◇いつまでに？
◇どうなっていたいのか？

同じニキビでも原因から改善方法まで人それぞれです。しっかりと聞くことができなければ、その人に合ったもっともよい提案ができません。

また、「目のシワ」と言われて、あなたはどこのシワを連想しますか？

目じりのシワですか？

それとも目の下のシワですか？

または、まぶたのシワでしょうか？

お客様と、ぴったり同じものが連想できない限り、お客様の確かな満足は得られません。「目のシワが気になります」と言われて「わかりました！」ではなく、「目のどの部分のシワですか？」と聞いていきます。

目元のシワが気になるとおっしゃったお客様のお話を深く聞いていくと、目の二重を作るときにできるシワが気になるとおっしゃったお客様がいらっしゃいました。

私たちの想像しているものが、必ずしもお客様の求めているものとは限りません。先入観や自分の常識をいったん捨てて、お客様の言葉をそのまま受け止め、質問で深めていきましょう。

お客様に満足していただくために必要なのは、素晴らしい技術の前に、**十分なカウンセリングと知識**なのです。

細かく細かく伺って、その方だけの商品を作り上げていきましょう。

【スキンケア方法を聴く】……普段どのようなお手入れ方法をしているのかしっかりと確認しましょう。

◇ポイントメイク落とし
◇クレンジング方法（どんなタイプのクレンジング剤でどの程度時間をかけ、どのくらいの強さで行っているのか）
◇洗顔方法（どんなタイプでどの程度時間をかけ、どのくらいの強さで行っているのか）
◇化粧水（どんなタイプか、どのくらいの量を使用しているのか。コットンか、素手か）
◇美容液（どんなタイプか、どのくらいの量を使用しているのか）
◇乳液（どんなタイプか、どのくらいの量を使用しているのか）
◇クリーム（どんなタイプか、どのくらいの量を使用しているのか）
◇日焼け止め（どんなタイプでＳＰＦ、ＰＡはどの程度か）
◇朝、夜のスキンケア方法
◇どんなきっかけでその化粧品を使用したのか
◇いつからその化粧品を使用しているのか

悩みに対して、しっかりとスキンケアに力を入れている場合と、悩みがあるにもかかわらず、まったくスキンケアに力を入れていない場合があります。

まったく力を入れていない場合、お客様はなぜお手入れをしないのかを聴く必要があります。

または正しいスキンケア方法がわからないだけかもしれません。スキンケア方法を伺うことで、生活状況も見えてくる場合があります。たとえば、

夜はメイクを落として寝ない
↓
なぜ？
↓
仕事が終わるのが遅い
↓
最近、会社が人手不足で忙しい
↓

人員削減をしている
←メンタルが不安定
←肌のお手入れもあまりできない
←肌の調子も良くならない

と、いうこともあります。

「今、そうしている理由」または「しない理由」が、必ずあるものです。

「夜メイクを落として寝ない」という言葉を聞いてすぐに、そこを指摘し「夜のメイクをちゃんと落とさないと肌荒れになりますよ！」なんていきなり指導的になっても本当の理由は見えてきません。

そんなことは、お客様も重々承知していらっしゃるはずなのです。

まず、そのことを打ち明けてくれたお客様を認め、受け入れましょう。

そして「なぜ、メイクをしたまま寝てしまうんですか？」と聞いてみましょう。

お客様の、いろいろな生活環境や、気持ち、考え方が見えてくるでしょう。

自分の常識とお客様の常識は、他人ですから当然違います。相手からしてみれば、あなたも相手の常識から外れているかもしれません。

理解できないこと、不思議に思うこと、そんなことがあったら、怒らずに、そして自分の意見や考え方を言う前に、「どうしてそのようにされているのですか？」と、聞いてみましょう。

すべてのお客様は自分の常識と違っていても当然だというスタンスでカウンセリングを進めていきましょう。

+ Point 1

ビフォアーカウンセリングでは、たとえお客様のお手入れが間違っていても、指導や注意をしないこと！

ヒアリングで得た情報を持って、実際に施術に入り、手で感じ、よく目で見てから、注意や指導は、アフターカウンセリングで伝えましょう。

なぜならば、信頼関係を築くためと、より的確なアドバイスをするためと、何よりお客様によく聴いていただきたいからです。

よく聴いていただくためには、まず、私たちがお客様の話を「よく聴く」ことなのです。

目標、いつまでにどうなりたいか？

痩身（ダイエット）やブライダルエステなどの場合は、目標設定が特に重要となります。

エステティシャンとお客様の間で目標や、期日、意気込みが違っては、うまく結果を出すことができません。二人三脚で、同じ方向を向いて、同じゴールに向かうからこそ結果が出るんです。

お客様と、意識を統一しましょう。

【伝えるポイント】

お店の紹介、自己紹介

お客様の悩みやお話をしっかりと聴いたら、サロンの説明をさせていただく番です。どんな想いやコンセプトでやっているお店なのか、また、自分は何者なのか？少ない言葉で、簡潔に、わかりやすく伝えましょう。

間違っても、この時間を長くしすぎてはいけません。

普段から簡潔に話せるように練習しておきましょう。

メニューの説明

お店のメニューをひと通りお客様へご説明しましょう。

「やる」「やらない」は別として、オプションやコースもあれば、ご提供できるものすべてをご紹介します。

説明が終わったら、こう伺いましょう。

「今日のメニューはいかがなさいますか？」

まず、お客様がすでに決めている、やりたいコースがあるかないかを確認します。ここでよくあるケースが、エステティシャンが指導的になって、お客様にメニューを押し付けてしまう場合です。

プロとしてアドバイスしなければ！という気持ちはとてもよくわかりますが、ラーメン屋さんに入ったとき、なんの希望も聞かずに「絶対味噌ラーメンがいいよ！」と押し付けられたらどうでしょうか？

自分の食べたいものは自分で選びたいですよね。もし、どれがいいのか迷っていれば「おすすめはありますか？」と聞くはずです。

エステティックは、商品が形にないサービスなのでわかりにくいのですが、エステティックも、ラーメン屋さんと同じことなんです。まずは、お客様にやりたいメニューのご希望があるのかどうか、伺ってみましょう。

たとえば、こんなふうにお客様に言われたとします。

「シミのケアをしたいんだけど、どれがいいかしら…？」

などと尋ねられたら、しっかりと受け止めて、根拠をもってメニュー提案していきます。

プロの目から見て、お客様の選んだメニューより他のメニューのほうがふさわしい、あるいはそのメニューがまだ必要でないと判断できたときも、お客様の選んだメニューを一度受け入れて、どうしてそのメニューをやりたいのかを伺います。

そして、プロとして私はこう思うから、このメニューが一番おすすめだと伝えましょう。

最後には必ず、「もちろん、どちらでも構いませんよ」と、選ぶ権利がお客様にあることを伝え、お客様に選んでいただきます。

たとえプロが選ぶメニューでも、それを一方的におすすめしてしまうと、押し付けになる場合があります。メニューの最終的な判断は、お客様に行っていただきましょう。

「なぜこれをやらなければならないか」をしっかりとお伝えすることができれば、

お客様は素直に、プロが選ぶメニューを選びます。

悩みのおさらい　→　なりたい結果の共有

お客様が行うメニュー、コース内容が決まったら、それから悩みのおさらいをしましょう。

お客様のお悩みのなかで、その日はとくにどうして欲しいのかというポイントと、エステティシャンが注意して行う施術のポイントを確認します。

お客様とエステティシャンの間にずれがないかどうか、しっかりと確認しながら把握します。

たとえば同じたるみに対する施術だとしても、お客様は頬のたるみが気になっていたにもかかわらず、エステティシャンがフェイスラインを注意深く行ったらどうでしょうか？

間違ってはいませんが、お客様の満足度は下がり、信用も失い、結果としてリピートをしてくださる確率もさがります。

その日やるコースの説明

悩みが複数ある場合は、どこから改善していけばいいのか優先順位を根拠と一緒にお話ししましょう。

そして、悩みのおさらいで踏まえたポイントについて、今日はどのような手法でアプローチしていくのかを具体的に説明します。

次に行うミドルカウンセリングで、クレンジング後のメイクを落とした状態で、もう一度的確な肌トラブルやお悩みの場所の確認をしていくということを伝えておきましょう。

+ Point 1

お客様の視点に立てているか、常に考えながら伝える

3 ミドルカウンセリング【共有】

エステティックで行われるミドルカウンセリングは、フェイシャルの場合、クレンジングの後に素肌の状態で行います。

ビフォアーカウンセリングのときに伺ったポイントを、実際に近くで見て、触れて、悩みをもう一度共有します。

現状の確認　↓　それに対してその日はどういうケアをするか

お客様がお悩みの箇所は、そのときどのような状態になっているのかを、プロの目から見てお伝えしましょう。

そして、どうすれば改善するのかをお伝えします。

ここでは、サロンにないメニューでも、ホームケアでも、すべて、改善できる方法があれば簡単に伝えます。

次に、サロンではどのような方法でアプローチができるかお伝えします。その日に行っていく方法を具体的に工程を踏まえお伝えし、メニューを行うと施術後にどう変わるのか、またはこのメニューを定期的に1か月続けたらどう変わっていくのか、1年間続けたらどうなるのかをお伝えしていきましょう。

どんどん美しくなって、自信がもてる自分になる姿をイメージしていただきます。実はこれこそが、「お客様がサロンに買いに来たもの」なのです。

エステティシャンが見て気になったところを伝える　↓　その日できるケア

次は、お客様から言われたわけではないものの、プロが見て気になった箇所をお伝えしましょう。

たとえお客様から言われなかったことだとしても、プロから見た肌トラブルはしっかりとお伝えしていきます。他のトラブルが気になりすぎて、小さなトラブルに気づいていない場合があります。

たとえば、目元のシワが気になっていたお客様だとします。

エステティシャン「○○様、今、素肌の状態を見させていただきましたところ、お口周りと頬のあたりが少し乾燥していらっしゃいますね」

お客様「あら、そう？　気づかなかったわ」

エステティシャン「はい、少し乾燥して、角質層が荒れている状態になっておりますので、セラミドという保湿因子を使用し、しっかりと保湿ケアをしてまいりますね」

と、プロの目線から見たことをお伝えします。

元々ある傷などの確認

そして、クレンジングをした後の素肌の状態をしっかり観察し、傷や赤みはないかを確認します。

ご本人も気づいていないような箇所であっても、見つけたらお伝えします。なぜなら、お客様がトリートメントを受け終わった際に、お肌や体の変化が楽しくてじっくりご自身を観察したときに、施術前は気づかなかった元々あった赤みや傷を見つけられ、「これはもしかして、エステの施術や化粧品が合わなくてできたのかしら？」などと思ってほしくないからです。

施術を受けたことに不安を与えないためにも、しっかりとお肌の情報を共有しておきましょう。

こんなことも発見できる！

以前、このようなお客様がいらっしゃいました。

両頬全体にあるシミが気になるということでした。お悩みをふまえ、施術に入ります。ミドルカウンセリングのときに、右側のシミが左側に比べて多いことに気が付きました。

毎日お車で通勤していらっしゃいますが、右側の窓にはしっかりとＵＶカットフィルムが貼ってあります。「原因はなんだろう？」そう考えながら、アフターカウンセリングで、お話を伺っていきました。

「左側より、右側のほうがシミが多いのですが、○○様、右側だけ日に当たるようなことはありますか？」

そう伺うと……お客様は少し考えて、

「そういえば、仕事場で私のデスクの右側にだけ窓があって、そこから日が差し込んでいます」

とお答えになりました。一日何時間も陽のあたる席に座っていれば、もしかしたら右側のシミだけが濃くなってもおかしくはないかもしれませんよね。

+Point 1

お客様と、現状に関する情報を共有する

4 アフターカウンセリング【提案】

すべての工程が終了し、その日の施術内容を改めてお話しし、結果を見ていただく場です。

採寸や、鏡などを一緒に見ていただき、施術前と施術後の変化を理解していただきます。理解していただいたら、今度はプロとして教えていくことを行います。

【乾燥肌の一例】

もともと乾燥で悩んでいたところだとします。

↓

現状、こうなっていましたと伝えます（「たしかに乾燥していました」「特に目の周りが乾燥していました」など）

←これは、ビフォーカウンセリングで伺っていた、乾燥肌の原因と思われることにフォーカスしてお伝えします。

【考えられる原因と対応の例】

――原因について
◇クレンジングや洗顔時に摩擦をずっと与えているようなことがある。
◇洗顔を10分かけてじっくり洗っていることが原因かも。
◇紫外線に長時間あたることがある。
◇日焼け止めがきちんと落ちていないときも、お肌は乾燥してしまう。

◇化粧水のつけ方がまちがっている。
何か心当たりがあるかどうかの確認をし、当てはまることがある場合はしっかりと正しいスキンケア方法をお伝えする。

――対応について
◇クレンジングのときなども、お肌に摩擦を与えないようにする。摩擦は乾燥肌をまねく。
◇洗顔するときはたくさん泡をたてて、優しくそして手早く洗う。1、2分程度で終わらせること。洗いすぎは必要な油分まで取り去り、お肌が乾燥する。
◇タオルでお顔を拭くときも「優しく、優しく」抑えるように拭く。

◇化粧水をつけるときは、どうやってつけているか確認する。手の場合は、絶対に音を立ててパッティングするようなことは避けていただく。摩擦になってしまう。優しく、手のひらで押さえるようにつけていただく。

◇コットンでつけている場合、たっぷりの化粧水を含ませる。

「○○様のお肌は今とっても乾燥しているところなので、摩擦は大敵です。拭き取り化粧水はなるべく避け、どうしても使用される場合は、横に拭き取ってもいいのは、Tゾーンとあごだけです。コットンでも優しく抑えるように、化粧水をつけます」というように、具体的に伝える。美容液や乳液も同じように優しくお肌に馴染ませる。

◇紫外線に長時間当たると、紫外線は肌の水分を奪い、乾燥させてしまうので、きちんと日焼け止めをつけること。

◇日焼け止めも、乾燥させることがあるので、その日焼け止めをしっかり落とすことが重要。そして保湿ケアをおこなうよう促す。

◇クレンジングは、日焼け止めを落とすことができる専用のものを使っているか、確認する。

◇シミのお手入れにビタミンCの入ったお化粧水を使っている場合は、ビタミンCはお肌を乾燥させることがあるので、あわせて保湿できる美容液やクリームを使っていただく。

次回の来店のためにお伝えすること

すべての工程が終わり、最後にプロとしてお客様のお肌がどうすれば改善に近づくのか、サロンへの通い方、予算、ホームケア方法をお客様と一緒に進めていきましょう。

ビフォーカウンセリングでお伺いした、いつまでに、どのようになっていたいのかについて、もっともよい方法を提案していかなければなりません。

大切になのは「お客様のお肌はもっとよくなる」ことをしっかりとお伝えして、改善したときのイメージをしっかり持ってもらうこと、「私に任せてください」「一緒にがんばりましょう」という、エステティシャンが本気でお客様のお手伝いをしていくというメッセージを伝えることです。

もしあなたが病気になって病院に行き、手術をしなければならないというときに、自信をもって任せてくださいという医師と、自信のなさそうな医師なら、どちらに任せたいですか？　当然、前者ですよね。サロンも同じです。

お客様は自信のあるエステティシャンについてきます。

第3章

「また会いたくなる」魔法の会話力を身につける

1　オンリーワンのカウンセリング

エステサロンにご来店いただいたお客様には、ずーっとリピートしていただきたいと思っているはずです。

お客様と一生のお付き合いをということを目指してサロンワークをされている方も多いのではないでしょうか。

お客様がサロンに初めてご来店され、次にリピートがあったときに、お客様がサロンに対して「合格」を出したことになります。

逆にリピートがないということは、自分の施術やサービスは、対価に見合う価値ではなかったということです。メニューの金額以上のサービスができるように心がけなければなりません。

サロン運営を行うにあたって、まず大切なのは、数多くあるエステサロンの中から、自分のサロンを選んでいただくことです。さらにそのサロンの中でも、スタッフが複数いる場合は、自分を選んでいただくように努めなければなりません。

誰にでもできるサービスではなく、「自分だったら○○様にこんなことができます！」という、お客様を思う気持ちを伝えましょう。

【自分の気持ちをしっかりと伝える例】

「本日○○様のお話を伺って、お肌のお悩みがとってもよくわかりました。きっと今まで本当に大変だっただろうと思います。でも、もうご安心ください。

私には、○○様のお肌がもっともっと輝く施術ができます。

具体的には、次はこういう方法でアプローチしていきたいと思います。

是非、私にお任せください！　一緒にお肌をきれいにしていきましょう！　私が責任を持ってお手伝いします！」

では、お客様にどんな気持ちでお話をすればよいのでしょうか。いくつか、例を挙げてみます。

◇イメージは、プロポーズ。
◇本当にあなたは大事な人。
◇素敵で、大好きです。
◇これからあなたのことを支えていきます。
◇私はあなたのことをずっと愛していく自信があります。
◇きっと幸せにします。後悔させません。
◇これからもずっとずっと、仲よくしてください。

このような気持ちをまっすぐに伝えてみましょう。

2 価格以上の価値を感じてもらいたいなら

60分1万円の価格と同じ程度のサービスを提供していたのでは、お客様はそのサロンに価値を感じません。

支払った金額以上の価値を感じなければ、次回のご来店を望むのは難しいですし、商品であればご購入には至りません。


サービスを提供するうえで考えなければならないのは、

「自分の施術や接客、サービスは、どこに価値があるのか」

ということです。

自分のウリ、サロンのウリがわからなければ、お客様に自信を持っておすすめすることはできません。

こんな考え方でサロン運営をされているオーナーさんは、多くの方にリピートいただいています。

「おもてなしの心、商材の品質、技術力が1番、それにかける経費は2番」。こう考えると、お客様に自信を持っておすすめできます。

この順番が入れ替わってしまうと、お客様に自信を持っておすすめできません。本当にお客様のことを考えるのであれば、コスト面でも自分ができる最大限の努力をしなければなりません。

ちょっとのコストを惜しむことで、お客様を遠ざけることになってしまいます。

+ Point 1

いちばん大切にするものは何か、常に自分に問いかけよう!

3
お客様みずから「通いたくなる」ときの言葉

エステサロンでは正しい指導、アドバイスをすることが大切と思っている方が多いのではないでしょうか。

決して間違いではありませんし、必要なことです。しかしできれば、お客様がエステティシャンに心を動かされ、常にお客様自身の意志でサロンに通っていただけるようになったら、一生のお付き合いになっていくはずです。

それが、「また会いたくなる」エステティシャンです。

A：来週、来てください　↓　はい

B：いかがいたしますか？　↓　来週、来たいです

さて、どちらの会話のやり取りをしたいですか？

おそらくBという方が多いでしょう。Aは、強制的な感じがしますよね。Bは、お客様自ら、積極的に行こうという感じがでています。

Aは、エステティシャンに指導を受け、来週行くことになった、という流れです。Bの場合は、来店しなければならない理由をお客様ご自身で理解しているからこその返事です。

お客様自身がなぜ来週これをやらなければならないのか、しっかり明確に理解していることになります。

カウンセリングのときにお客様の疑問をなくし、美しくなるためのイメージを持っていただいているからです。

4 背中を押してあげること……「承認」の大切さ

物事をすぐに決断できる人と、なかなか決断できない人とがいます。
エステサロンにご来店されるお客様の中にも、なかなか決断できない方がいます。
そんなとき、お客様が「やってみたい」「使ってみたい」という気持ちを承認して、背中を押してあげます。

【後押しを待っている例】

「やったほうがいいかしら？」
「やってみた場合、効果ってどのくらいで出るんでしたっけ？」

こんなふうに尋ねてこられるお客様は少なくありません。このような表現は、実は、後押しを待っているサインでもあります。

サインを見逃すことのないよう意識して、自信を持ってお客様の背中を押してあげましょう。


「私に任せてください」

「一緒にがんばりましょう」

「精一杯やらせていただきます」

「安心してください」

こんな言葉で、背中を押してみましょう。

ただし注意しなければならないのは、断り文句を言われてるにも関わらず後押しをしてしまうと、ただの押し売りになってしまうということです。

5 専門的に説明するのはOK、安易な返答はNG

エステティシャンは美の専門家です。

お客様からの質問には専門家としての返答が求められ、それにはしっかりと専門家としての立場としてお答えしていきます。

しかし、そのことに対しての専門知識だけを答えなければならないところを、ついつい話が長くなり、その専門知識の後に指導的な内容を説明したり、アドバイスしたりする人が多いと感じます。

お客様が求めていない内容は、基本的にはお答えしないほうがよいでしょう。

【過不足のないお答えをしている例】

お客様「毛穴パックって肌に悪いって聞いたんですけど、どうして悪いんですか？」

エステティシャン「そうですね、毛穴パックが肌に悪いというよりは、やりすぎは良くないと思います。なぜなら、毛穴の皮脂だけではなく、肌の潤いを保つために必要な角質層も剥がしてしまうので、やりすぎてしまうと肌にダメージを与えてしまいます」

本来、エステティシャンがお答えするのはここまでです。

しかし、「……しかも、○○様は毛穴パックをたくさんしているようですが、それは辞めたほうがいいですね」という、このひとことをつなげてアドバイスをする人がいます。

この場合、お客様からは、「やめたほうがいいかしら？」とは聞かれていませんよね？

「どうして悪いのか？」を聞かれているので、どうして悪いのかだけを答えればよいのです。

悪い理由を知ったお客様は、言われなくても、「じゃあ、頻繁にするのはやめたほうがいいわね」と、ご自身で答えを出されます。

つまり、お客様から答えを出していただくことが本来の「カウンセリング」なのです。

それを、指導やアドバイスを同時につけてしまっては、お客様は自分で答えを出したのではなく「指導された」、「怒られたとか」、「命令された」というような感覚になってしまいます。

このように、エステティシャンが上から考え方を押し付け、変えてもらったような方法は、簡単にメッキがはがれ、元に戻ります。

お客様が心から、なぜそうしなければならないのかを理解し、自分の意志で決定したことでなければ、長くは続きません。

もし、お客様が答えを求めているときは、

「じゃあどうしたらいいのか？」

「じゃあ、どのくらいのペースでやったらいい？」

などと聞いてくださるでしょう。

まずは、安易に指導やアドバイスをするのではなく、お客様に聞かれたことだけに全力で答えるようにしていきましょう。大切なことは「お客様から質問していただけるように」お話をすすめていくことです。


聞く態勢の取れていないお客様には、話さないようにしましょう。聞く態勢の取れていない人にお話をしても、上の空だったり、うるさいと思われて終わったりしてしまいます。

聞きたい！　知りたい！と、聞く態勢の取れている人には、時間をかけて、丁寧に、お話をしていきましょう。

+ Point 1

相手の状況をきちんと見分けることがポイント！

6 お客様の「優先順位」をしっかり見きわめる

サロンにご来店されるからには、美しくなりたいと思っているお客様ばかりです。しかし、お客様によっては、人生の中での優先順位がことなります。

シミをすごく気にされているお客様で、でも、アウトドアが大好き！　マリンスポーツ中は、なかなか日焼け止めを塗れない……。

このようなお客様の場合、エステティシャンのなかには、シミを改善するために「日焼け止めを塗り直す回数をもっと増やしてください！」とか、「アウトドアする時間を減らしてください！」などと伝える人もいるかもしれません。

ここで問題になってくるのは、お客様は本当は何を求めているのでしょうか？ということです。シミができることよりも、今までどおりアウトドアができないことのほうが辛いという場合は大いにあります。

「肌をきれいにすることが一番！」。それは、エステティシャン側の一方的な優先順位であり、お客様を必ずしも指導的に、強制的に同じ思考にしなければいけない、というわけではありません。

あくまでも、それをお客様が望んでいるのかどうかが大事になってきます。そうしなければ、私たちが、**お客様の生き方や人生観にまで口を挟んでしまうことになりかねません**。

お客様によっては、アウトドアやマリンスポーツをすることを第一優先にして、その範囲でできるシミに対するホームケアをしたい、そしてサロンでできるケアをしてほしいと思う方もいらっしゃいます。

無理やりに正しい方法を一方的に指導するのは問題があります。お客様に合わせたアドバイスやケアを全力でさせていただくということが重要なのです。

お客様が求めていることや言葉をしっかりと差し上げることが満足度の高い会話やサービスになってきます。

7 お客様が選びやすいように商品を並べる

カウンセリングで重要なのはお客様の意志で決定していただくことです。

そのために、答えをいくつか準備して、お客様の意志で選んでいただくようにしましょう。

選ぶものがなければ、お客様は「進められた」「押し売りされた」という感覚になってしまう方もいます。

ですので、お客様に対する提案はひとつではなく、2つ以上にし、お客様の意志で選んでいただきましょう。

「私はこう思います」「でもこういう考え方もありますよね」「○○様はいかがですか？」

というように、お客様が選びやすいようにしてあげましょう。

このとき、選ぶことができないお客様は、

「どちらがおすすめですか？」

「私にはどっちがいいと思いますか？」

などと聞いてきます。

ちなみに、断る可能性があるときなど、別に断る道をこちらからご提案することで、お客様が選択しやすくなります。

【断りやすい問いかけの例】

「○月○日に、イベントがあるんですけど、よかったらいらっしゃいませんか？でも、急だから、もう予定が入っていらっしゃるでしょうか？」

8 答えはかならず「お客様の中にある」

商品を購入いただくときはあくまでもお客様ご自身で選んでいただくことが望ましいでしょう。89ページでも説明しましたが、一方的なご提案は、単なる押し付けになりますので注意しましょう。

商品をおすすめするときは、商品のメリット、デメリットをしっかりと説明します。買うか買わないかはお客様の判断になります。

多くのエステティシャンは商品を売るのがノルマだと思っているかもしれませんが、実は、売るのがノルマではなく、お客様が求めたときに、しっかりと丁寧に説明すること、そこまでがエステティシャンのノルマです。

この時点でお客様が買いたくないという気持ちになっているときは、お客様に商品の必要性が伝わっていなかったということになります。

「お客様が何を求めているのか?」
「なぜその商品が必要なのか?」

これらをカウンセリングでしっかりと理解していただくことが重要です。
お客様が理解し、欲しいと思ったときに初めて、商品を買っていただけるのです。

+Point 1

お客様がの理解を得られるように、説明を工夫しよう!

9 「欲しいものが決まっている」そのサインを見逃さない

こんな経験はありませんか?
友達とショッピングに行ったとき、赤の服と青の服どちらにしようか悩んで、**「ねぇねぇ、どっちがいい?」**と聞かれるケース。

【ケース①】「私は赤のほうがいいと思うよ」と答えると、「え〜? そう? でも、こっちの青の服も可愛いんだよね〜」と言われる。

【ケース②】「私は赤のほうがいいと思うよ」と答えると、「やっぱり、あなたもそう思う? だよね! じゃやっぱり赤にしよう!」と、すんなりレジへ進む。

実はこんなとき、すでに答えは決まっているのです。

「どっちがいい？」と意見を求めているようで、ただ自分の意見に同意をしてほしいだけなんです。自分が買うという行為に対して、ほんの少し背中を押してもらいたいだけです。

①のケースは、背中を押す方向を間違えたことになります。

「どう思う？」と意見を求められたと思ったあなたは、自分の趣味嗜好を軸に、Aの服を選びました。

しかし、ここで一番重要なのは、あなたの趣味嗜好ではなく、買い手が、「一体どっちのほうがいいと言って欲しいのか」です。

②の場合は背中を押してほしい方向がぴったり一致したということです。

押してほしい方向である「もともとお客様の中にある答え」と一致すれば、あっという間に決定します。

10

否定してほしい気持ちと、承認してほしい気持ち

「私ってもう年だから、これは無理よね？」

と言われたら、どうでしょうか？　言葉の裏には、実は「そんなことないよ」と言って欲しい気持ちがあるものです。言葉を変えれば「私でもまだ使って大丈夫よね？」と受け取ることができます。

また、化粧品などを買うとき「でも、高いんでしょう？」という言葉の裏には、「高いとは思うけど、もう一歩私の背中を押してくれる付加価値があれば使ってみたいかも…」という本音が隠れていたりします。

この「否定してほしい」質問は、お客様が「購入したい」という気持ちが傾いているときに多いのです。不安に思っていらっしゃる項目をどんどん否定して、クリアにして、お客様の決断をお手伝いしましょう。

11 「もし……」のイメージを、上手に使う

質問を上手に使い分けることによって、お客様との会話の弾み方は変わってきます。エステティックのカウンセリングでは、

◇お客様はなぜ痩せなければならないのか？

◇なぜ化粧品が必要なのか？

など、お客様にご理解していただかなくてはならないことが多々あります。

そんななかで、正しいことだけを説明してもなかなか理解してくださらない方、納得してくださらない方もいらっしゃいます。

たとえば痩身コースのお客様に、「痩せるということは、脂肪細胞が……ホルモンバランスが……」などと、痩せるメカニズムを延々とご説明するよりも、

「もし、痩せたら、どんな服が着たいですか？」

「もし、痩せたら、どこに行きたいですか？」

と、お客様が痩せたときに何をしたいかの話をするほうが、より痩せることに興味を持ってくださり、会話も弾むのです。

また、

「痩せたらきっと、パンツのラインがとってもきれいになりますよ」

「かっこよく履きこなせるんでしょうねー」

「○○様は、背が高いから、きっとすらっとしてモデルさんみたいでかっこいいだろうなー」と、痩せたときのイメージができる会話もいいでしょう。

お客様はどちらの話をしたいのか、見きわめなければなりません。

+Point 1

しあわせなイメージが膨らむ工夫をしてみよう

12

「結婚相手の両親と同居」は大変？　楽しみ？

人それぞれ、考え方や価値観は違って当然です。

お客様との会話の中にも、違いが出てくることもあります。そのようなときは、お客様の気持ちを伺うことが重要になります。

たとえばこんな会話があったとします。

A「私、結婚したら旦那の両親と同居なんです」

B「まあ、そうなんですね、それは大変ですね」　←　大変とは言っていません。

このときのポイントは、お客様がどう思っていらっしゃるのかを伺うことです。

たとえばこのように返してみます。

「そうなんですね。ご両親とですか、○○様、どんなお気持ちですか？」

両親と同居＝大変、みんなが嫌がる、というわけではありません。

「とっても素敵なご両親で、すごくよくしてくださるし、子供の面倒も見てもらえるからとても助かります」

このように答えが返ってくることもあります。

「それは、ご同居でよかったですね」

この方の言ってほしかったのは、こんな言葉です。

同居をするというお話を伺って「よかったですね！」と返すのか、「それは大変ですね！」なのか、どちらの言葉を言ってほしいのかをさりげなく伺うことが大切です。

13

会話の「トーン」や「ペース」を相手に合わせる

「この人とは、何となく話が合うなぁ」

「あの人とは、よくわからないけどあまり話が合わないなぁ」

理由はとくにないけど……そんなことありますよね。

これは、サロンに来店されるお客様も思うことです。

できれば、お客様にこんなふうに思ってほしくはありませんよね。

ひとつの解決策として、言葉や会話を相手のトーンに合わせて話してみましょう。

言葉や会話のトーンが合うことで、何となく話しやすいなぁと思ってくださることがあります。

次のようなときは、とくに意識してみましょう。

◇うれしいときはお客様より高い大きな声で。

◇悲しい話はより声を小さく。

◇びっくりしないでくださいねと言われたら、とくにびっくりする。

また、会話のペースも相手に合わせるのもひとつの方法です。

「もしもし～、あの～」というゆっくりとした話し方には、ゆっくりとしたペースに合わせるのです。

逆に早口の場合は、こちらも早口のペースに合わせて会話をしてみましょう。

14

沈黙は怖くない！

初めて会う人とお話をする場合、何を話していいのか、行き詰ってしまう場合が多々あります。初めてご来店されるお客様も同様です。

無理やり会話をしようとすると、お客様が話し出す「間」を奪うことがあります。そんなときは沈黙を怖がらず、お客様が話さないことを確認できたら、自分が口を開き会話をしていきましょう。

沈黙は、ただ話さないだけでなく、何かを考えている場合があります。沈黙を怖がり、無理やり話をしてしまうと、会話のリズムが崩れてしまうこともありますので注意しましょう。

間違ってもお客様側が話のタイミングを譲るなんてことがないようにしなければなりません。あくまでも、エステティシャン側が気をつけるべきです。

15 謙遜は「させたまま」にしない

日本人の多くは、謙遜を好んでいます。なかなか積極的に自慢する人はいません。ですがお客様で謙遜をする人がいた場合には、**謙遜は否定しましょう**。
お客様のいいところをしっかり根拠を提示して、謙遜は否定しましょう。
それでもまだ謙遜されるお客様には、「私はこう思いました」と、自分の意見として伝えましょう。そのとき、理由を必ず添えることが大切です。

【謙遜される例】

お客様「私なんて、自分の意見も言えないし、本当にダメな人間なの」

→

全力で否定（見方を変えて説明、理由をつけて）

エステティシャン「そう思われているんですね。でも、私は周りの人に合わせる協調性のある方だなあと思いましたよ」

↓

（それでも謙遜されるお客様）

お客様「そんなことないの、いつも自分を出せなくてちゃんと言える人がうらやましいわ」

↓

（負けずに否定。理由をつけて。理由をしっかりと加え、自分の思いとして伝える）

↓

エステティシャン「〇〇様はそう思われるんですね。でもご自分がどうなりたいかをしっかりわかっていらっしゃるし、私の前では、きちんと自分の意見をおっしゃっています。それだけでも、私は、十分素晴らしいと思いました」

16 会話の主導権は常にお客様にあずける

お客様との会話では決して、自分が会話の主役ではないことを理解しましょう。あくまでも主役はお客様です。お客様にすべてを話していただけるようにしていきましょう。

お客様が話しやすいように手を差しのべ、うまく質問をすることです。いろんなことをたくさん伝えたいと思うあまり、話しすぎることがありますが、お客様が知りたい情報以外は、ただの長話にすぎません。注意しましょう。

お客様とのカウンセリングでは、お客様の悩みや相談を聴くことに専念するようにしましょう。また、お客様との会話で、話がかぶってしまったときは、もちろん相手に譲りましょう。

17

不快にさせない、丁寧な伝え方

人に物事をしっかり伝えるのはなかなか難しいものです。
特にサロンでの会話になると、専門的な知識や、初めて聞く用語なども含まれますからなおさらです。内容がうまく伝わらないときに、お客様がこんなふうに質問してきて、それに返答したとします。

お客様「今の説明の意味がわからないんですけど?」
エステティシャン「先ほども申し上げました通り……」

この場合、「先ほども申し上げました通り……」という言葉は必要でしょうか?
上手く伝わらなかったのですから、もう一度丁寧に伝えなければなりません。

「申し訳ございません。もう一度ご説明いたします」
「わかりづらい説明で申し訳ございません。もう一度説明させていただきます」

このような返答のほうが角がたたず、丁寧に感じるはずです。

「先ほども申し上げました通り……」というのは、お客様によっては、さっきもいったのに、聞いてなかったの？　わからないの？　というように、きつい言い方と捉えられたりします。

会話のすべては「サービス」として考えなければなりません。常に相手を尊重して会話をすすめていきましょう。

18

「コミュニケーション能力」も商品

カウンセリングでの「商品」はスタッフの反応やコミュニケーション力です。ただ聞くだけだったら、動物に話しかけたって同じことです。共感やあいづちという反応があるから、人に聞いて欲しいと思うのです。

とくに、人に何かをしてあげたときは、自然に相手の反応を求めていることが多々あります。

たとえば、プレゼントやお土産を渡すとき、こんなふうに思いませんか?

本来プレゼントやお土産は純粋に相手のために渡すと思いますが、人間の心理としては次のようになることがあります。

相手に喜んでもらいたいから渡す（純粋に喜んで欲しいと思っていても）
←
でも、実は反応という見返りを求めている
←
とっても喜んでくれたからうれしい
←
またあげたくなる

逆にあまり喜ばれなかったら、なんだかあげなきゃよかったなぁなんて思ってしまいがちです。そして、次はもう買ってこなくてもいいのかぁと思ってしまうこともあるでしょう。

大抵の人は、相手に喜んでもらうという見返りを少なからず求めています。

では、これを、サロンでのサービスに置き換えてみましょう。

プレゼント（お客様のご要望・お悩み）を持ってきてくださったお客様
←
ありがとうございます！　うれしい！（感謝歓迎で受け止める、精一杯私たちが反応し、それに応える渾身の施術・思いやりのあるカウンセリング、おもてなしを提供する）
←
こんなに喜んでもらえるなら、またプレゼントをあげたい（こんなに一生懸命、丁寧にしっかりやってくれるのなら、またここに来たい）

こう思うようになってくださいます。

19 リピートこそ、お客様のほんとうの評価

レストランなどでごはんを食べたとします。あまりおいしくなかったからといって、帰りに「あまりおいしくなかったですよ」なんてわざわざ言いません。店員さんに「ありがとうございました。またお越しください」なんて言われたら、社交辞令で「ごちそうさまでした、ありがとうございます」と返すことが多いのではないでしょうか。

エステサロンでよくある会話です。

エステティシャン「いかがでしたか」
お客様「よかったですよ」
エステティシャン「ありがとうございます。また来てくださいね」

お客様「はい、機会があったらまた来たいと思います」

たとえ特別に満足度が高くなかったとしても、あえて「気持ちがよくなかった」なんていうお客様はいません。

そんな、その場で気まずくなるようなことは言わず、次回から来なければいいだけですから。

「話していて楽しかったです」
「気持ちがよかったです」
「また来ます」

このようなお客様からの言葉を、真に受けてはいけません。本当によかったら、またリピートしてくださるはずです。リピートしてくださったときが本当のお客様からの評価です。

20 雑談を「最高のサービス」にする

お客様からいただいている時間のなかで、素になって会話している時間はありませんか？ 商品説明やカウンセリングなどの決まりごとは定型文（台本）を用意できても、お客様との会話はどんどん変化していきます。

同じ題材であっても、10人と話せば10通りの会話が出るでしょう。

実は雑談のなかでこそ、お客様は本音を話し、心を開くのです。

「雑談」でしっかりとしたサービスとしての会話ができたらどうでしょうか。雑談に楽しみを覚えてもらえば「また話したい」と思ってくださるようになります。

お客様とのちょっとした雑談の時間を、計算されたお客様へのサービスと考えてみてはどうでしょうか？ 必ずお客様の満足度は上がります。

21

「受け止める」＋「聞かせてもらう」という気持ち

お客様との会話中、エステティシャンの返答しだいで会話は盛り上がったり、盛り上がらなかったりします。つまり、エステティシャンの返答次第でお客様が楽しく過ごせるのか、過ごせないのかが決まるということです。

安易な返答は会話が続かなくなるだけでなく、つまらなくなったりもしますので気をつけなければなりません。

【安易な返答と気のきいた返答の例】

「ちょっと聞きたいんだけど、いいかしら?」

×「はい、どうぞ」

○「もちろんですよ。お聞かせください」

もっと話したくなるように返事をする。

「やっと人事異動が決まったんですよ!」
×「そうですかー。よかったですね。昇進ですか?」
○「そうですか! それはよかったですね! そんなに喜ばれているなんて、一体どんなことがあったんですか?」
お客様のことをもっと知りたいということが伝わってきます。

「嫌な上司が居てね、昨日もこう言われて……本当に困っちゃう」
×「そうですか。それは困りましたね。」
○「そんなことを言われたんですか? それは困ってしまいますね。そのときどんな気持ちだったんですか?」
本当にお客様と同じ気持ちで話を聴いている感じが出ます。

会話の基本は、もっと聴かせてくださいという気持ちを伝えることです。

【意見を求められたら明確にそして手短に】

お客様から質問を受けたら、それに対する答えだけでなく、周辺知識を延々とお話してしまう、そんなエステティシャンは少なくありません。

「自分の持っているすべての知識をお客様に提供する」のは、もちろん良かれと思ってやっているはずです。お客様から意見を求められたら「私はこう思う」とプロとしての意見をしっかりとお伝えしましょう。なぜそう思うのかを、根拠、理由を含め一緒にお伝えします。そして、大事なのは、話が長くならないことです。

「私は、こう思いますが、○○様はいかがですか？」とかならずお伺いします。

あくまでも、お客様の意見を尊重する形で質問しましょう。

間違っても「私はこう思いますから、こうしてください！」と「上から」の言い方にならないように気をつけます。

第4章

カウンセリングの前に おさえておくこと

1

第一印象をくつがえすには200時間かかる

人は見た目で90％程度判断すると言われます。とくに接客業をする人にとっては第一印象が大切だということがわかると思います。

一度与えてしまった第一印象を変えるには、200時間もかかるとも言われます。とくにエステティシャンはお客様が清潔なイメージを持って来店されますので、第一印象には気をつけなければなりません。

エステティックサロンは増える傾向にあります。つまり、同じようなお店はたくさんあるということです。

よい印象が与えられなければお客様は違うお店に行ってしまいます。逆によい印象を与えられれば、顧客として通ってくださる可能性が高くなります。まずはお客様にいい印象を持っていただくように気をつけましょう。

2

「外見の好感度」は心をつかむ第一歩

外見のポイントになるのは、服装、髪型、化粧、靴などです。

エステティシャンは各お店で制服が決まっているところも多いので服装は問題ないと思いますが、多くのサロンでは清潔感を出すために白っぽい制服を着ていることでしょう。

ここでのポイントは、制服が汚れているかどうかです。白い服装は汚れが目立ちます。しかも毎日着ている制服ですから、少しずつの黄ばみや汚れに気がつきにくいものです。

毎日しっかり洗うこと、月に最低1回は、クリーニングに出したほうがよいでしょう。

エステティシャンは施術中にオイルを使用します。オイルの汚れはとくに落ちにくいので気をつけましょう。

できれば制服は3着くらいで着まわすのがいいでしょう。

また、わかりづらい襟元の汚れ、ボタンのほつれなども、初めて会う人が見たらだらしない人だと感じてしまいます。

自分では見えないと思っているところでも、お客様から見えるところはたくさんあります。朝礼などで必ず、社員同士、スタッフ同士でお客様の目線になって確認しましょう。薄手の制服を着ているサロンもあるでしょう。下着が透けないように注意しましょう。

髪型は清潔感を出すためにしっかりとまとめること。前髪が垂れ下がらないこと。これは施術中に髪の毛を触らなくてもいいようにしておくことです。

なぜなら、髪の毛は常に外界にさらされていますので、汚れが多いのです。その汚れた手で、お客様の肌に触れないようにするためです。1日中髪の毛を触らなくてもいいような髪型にするのが理想です。

化粧は派手過ぎず、地味すぎずというのが基本。サロンではあくまでもお客様が主役です。お客様より派手になってはいけません。

しかし、地味すぎてもいけません。

美を提供するのがエステティシャンですから、ノーメイクや地味すぎるメイクは禁物です。清楚なナチュラルメイクを心がけましょう。

靴はパンプスやナースシューズが多いと思います。意外と靴が落とし穴です。普段制服は気にするけれど、靴は気にしないエステティシャンが多いです。おしゃれは足元からと言われるように、靴の汚れも常にチェックしましょう。

+Point 1

清潔さ、ナチュラルな美しさを保つ！

3

「感じ悪い態度」って？

ここでいう態度とは、立ち方、歩き方、座り方などです。

エステティシャンは美を提供する仕事ですから、立ち振る舞い、歩き方は非常に大切です。

また、お客様がエステティシャンを判断する大きなポイントでもあります。

エステティシャンはお店の看板と同じような役目をします。つまり、広告塔ということです。

食べ物屋さんは看板をみて美味しそうか美味しくなさそうか判断すると思います。

エステサロンの場合は人で判断されるということです。


サロンに入ったとき、エステティシャンが、猫背で斜めに立っていたらどうでしょう。このサロンでは健康はもちろん美しくなれるなんて思わないはずです。
しっかり背筋を伸ばし、両足に均等に体重がかかるようにまっすぐ立ちましょう。姿勢というのはふとした瞬間に本来の姿勢が出てしまうものです。日頃から、姿勢には気をつけましょう。

歩き方も大切です。がに股、内股、大股歩きはダメです。また靴をすりながら歩くのもダメです。つま先を正面にしっかり踏み出し、かかとから着地し、つま先で抜ける一連の流れで歩きましょう。

座り方は、足を組んだり、股を広げて座らないようにしましょう。足を組むと性格がきつい印象を与え、生意気に見えたりもします。
それから腕を組んで話をするのもダメです。股を広げるのは下品に見えます。これはエステティシャンだけではなく、すべての女性に言えますね。

4

当たり前すぎて気を抜きがちな「挨拶」

人は普段最初に人に会ったときに交わす言葉は挨拶でしょう。「おはよう」「こんにちは」「お疲れ様です」などＴＰＯによって使う言葉はさまざまですが、必ず挨拶から入るはずです。

そのとき、笑顔もなく小さい声で挨拶されたらどうでしょう。

おそらく、機嫌が悪いのか、体調が悪いのかと判断するはずです。その日はその人に話しかけづらくなるので、あえて自分からは話さないでしょう。そして、決して気分が良くなるということはありません。

逆に、笑顔で元気に挨拶をされたら、なんとなく気分も良くなってこちらも笑顔で挨拶を返すはずです。

これはとくにエステサロンでのお客様に対しても同じことが言えます。

お客様を接客するときに、まず大切なのが挨拶なのです。挨拶はコミュニケーションの入口です。挨拶次第でコミュニケーションの良し悪しが決まってくるといっても過言ではありません。

お客様とのファーストコンタクトは挨拶です。お客様が笑顔になるような元気でさわやかな挨拶をしましょう。

お客様も笑顔がでたら、話もしやすくなりますし、コミュニケーションもたくさんとれるようになるでしょう。

エステサロンにご来店されるお客様は期待と不安が入り混じっています。エステティシャンの挨拶でちょっとした不安を取り除くことができるようになります。

5 「共通の話題」はかならず見つかる

はじめての人と話すとき、最も相手が安心し、心を開くのは、自分と共通の話題があったときです。

経験がある人も多いと思いますが、会話の中に、出身地（田舎）が一緒だったり、中学校が一緒だったり、昔やっていたスポーツが一緒だったりすると、なぜかその人と打ち解けてしまいます。

さらに考え方、価値観が一緒だと自分から話をしなくても相手からどんどん話をしてくることもあります。お客様の心の扉が開くのです。

人は自分の知っていることやっていることが相手も同じことをやっていると安心します。これは会話をするとき最も楽に話ができるパターンです。

地方出身の人が東京で同じ故郷の人にあったら、すぐに打ち解けてしまいます。同じ○○県出身というだけでもそうなることがあります。

たとえば、サロンでのカウンセリングでお名前をお伺いしたときに、珍しい名前だった場合は「ご出身はどちらですか？」などと聞いてみたり、趣味をお伺いしたときに話を膨らませてみたりしましょう。

女性はとくに旅行のお話が好きな方が多いので、旅行の話題をたくさん持っていると話がスムースに行くことがあります。

【キーワード】
出身地、同じ学校、昔やっていたスポーツ、趣味（旅行、買い物、料理）など。
あまり共通の話題がないときは、友達がその出身、おじいさんの田舎、学生時代に行ったことがある、やってみたいスポーツなどの近い話をしてもよいでしょう。

6 会話に迷わない話題の基本を覚えよう！

接客のとき、お客様がたくさん質問をしてきてくれればいいですが、自分から話をしてこないお客様もいらっしゃいます。そんなときは、エステティシャンからお客様に話題を提供してみましょう。

【天候】

天気がいいか雨が降っているか、気温が高いか低いかなど話ができるでしょう。
「今日は天気がいいですね」「天気がいいときはドライブなんかがいいですよね」と天気の話題から、違う話題に切り替えることができます。

【趣味】

「私はゴルフによく行くのですが、運動とかスポーツは何かされるんですか」

自分の趣味を出してから、相手の趣味の話題に切り替える。


【最近の話題、ニュース】

「最近地球温暖化ということがよく言われますよね。海に沈みつつある島もあるみたいですが、日本も島国だし、このまま温暖化が進んだら沈むと思いますか？」という具合に、一般的に誰でも知っている最近の話題を出すこと。マニアックな最近の話題ではお客様が知らない場合があります。


【旅行】

「旅行はお好きですか？　今まで行ったところで、一番良かったと思うところはどこですか」

旅行はほとんどの方が行ったことあるはずです。あまり行かない人でも、どこかには行っていると思いますので、話の話題にしやすいのです。

【健康】

「健康のために何か気を使っていることはありますか」と聞いて、「特にない」と答えられたら、最近私は駅の階段を上るだけで疲れるようになったので、スポーツを始めようと思っているんですが、お客様は何かスポーツをされていたりしたんですか?」など、自分の話題から、違う話題に切り替える。そのとき必ずお客様への質問にする。

【美容】

「最近お肌の美容を意識したドリンクなんかが結構出ていますが、飲まれたことはありますか?」

「ないです」と答えられたら、自分が飲んだことのあるドリンクの話をしてみましょう。また、「最近肌の調子があまりよくないので、飲もうと思っているんです。どう思いますか」と自分の願望を伝え、質問をするのもひとつの方法です。この美容の話題は男性にはあまり使えません。

【食事】

「最近私は中華にはまっているのですが、お客様はどういう料理がお好きですか」

食事の話題は嫌いな人はあまりいないので、話題に出しやすいでしょう。食事の話題を出すときは、情報提供できるとお客様は喜ばれます。

「駅前の○○屋のラーメンが美味しいと噂ですよ」

「コンビニにある○○が監修したスイーツが美味しいですよ」

【ファッション】

「その時計素敵ですね」「そのネクタイ素敵ですね」「カバンかわいいですね」など

ファッションの話題を出すときは、まず相手の持ち物をチェックして、ほめるところから始めましょう。持ち物をほめられて嫌がる人はほとんどいません。

ここに上げたのはあくまでも話のネタの一部です。お客様の話題に困ってしまうことはよくあることですから、これ以外のものでも、何か困ったときに必ず出せる話のネタをいくつか自分で持っておきましょう。

7 自分の名前を覚えてもらうコツ

1人でサロンを経営されている人は比較的お客様に名前を覚えていただけると思いますが、3人、5人とスタッフのいるサロンでは、お客様はスタッフの名前をなかなか覚えられません。

お客様には必ず名前を覚えていただきましょう。名前を覚えていただくことで、お客様はスタッフとの親近感ができてきます。そうすることで、次回ご来店されるときにお客様は少し気が楽になります。

初めてご来店されたときに確実に名前を覚えていただきましょう。次回予約のときに指名されることもあるはずです。

最初はちょっとしつこいくらい自分の名前を言ってもよいでしょう。

例えば、以下のような工夫が考えられます。

必ず最初は名前を言う。

「はじめまして、本日担当します○○です」

自分が珍しい名前のときはそれをアピールする。

「○○という名前は珍しいので覚えにくいと思いますが、是非覚えていただけるとありがたいです」

一般的な名前のときはひと言加える。

「○○という名前はありふれていますが、『ロングヘアーの○○』というように是非覚えてください」と名前にプラス何かキーワードを付け加えることです。

もちろん、お客様の反応を見ながら自己紹介をすることが大切です。

8

お客様の名前は繰り返し呼ぶ

人は自分の名前を覚えてもらえるとうれしいものです。

学生時代に経験があると思います。クラスのみんなの名前を覚えているのに、先生は私の名前を覚えていない。こんなときは悲しくなりますし、先生のことが嫌になる人もいるでしょう。

今度は逆にみんなの名前は覚えていなかったけれども、私の名前だけは覚えていてくれた。こんなときはうれしかったと思います。また、1回しか会っていないのに久々に会ったときに名前を覚えてもらっていたりしたらうれしいはずです。

エステサロンに初めてご来店される方は、不安を持っているお客様も少なくありません。

お客様との距離を縮めるよい方法が、お客様を名前で呼ぶということです。お客様を名前で呼ぶことによって親近感が生まれます。カウンセリングや電話でお名前をお伺いしたときから、お客様のことは名前で呼ぶようにしましょう。

しかし、名前の呼び方によっては怪しさを感じたり、間違えられたら嫌な思いになったりもするものです。

まず、自分の名前を間違えられて呼ばれたらどうでしょうか？　あまりいい気分にはならないはずです。しかも、何回も間違えられたら不快感で、その人に好感をもてないはずです。

これが、お店のお客様とスタッフとの間で起きていたらどうでしょうか？　間違いなくその人のことは好まないでしょう

また、名前を呼ぶことで親近感が出ますが、これが度を過ぎた場合は「何かたくらんでいるな」なんて思い、逆に怪しまれます。

A：こちらの商品でよろしいでしょうか？
B：○○様、こちらの商品でよろしいでしょうか？
Bのほうが親近感があります。

「○○様、こちらどうですか？　○○様には似合うと思いますが、○○様はどう思われますか？　お考えがあればお聞かせください。○○様」

この会話の内容だと、明らかに名前を呼びすぎです。あまりにもわざとらしい感じが出ています。

お客様の名前を呼ぶときは、ほどほどにしましょう。

+Point 1

単純な「名前を呼ぶ」だけで、意外な効果がある！

9

あいづちをとることでお客様に信頼を

人に自分の悩みを相談するとき、相手の話の聞き方で、親身になって聞いているのかどうかを判断できます。

そのひとつにあいづちがあります。

話の節々で効果的にあいづちをされたら、この人は本当に私の悩みを真剣になって聞いてくれているんだなぁと感じるはずです。逆に表情も変えず、あいづちもとらなかったら、真剣に話を聞いてくれていないと感じるはずです。

相手の話を聞くとき、相手に気持ちよく話をしてもらいたいとき、真剣に話を聞いているんですよということを示すのに有効なのが、あいづちです。

「はい」

「へー」
「そうですかぁ」
「なるほど」
「知らなかったです」
「大変ですねぇ」

これら言葉を相手の話に合わせて使うということです。共感したり、驚いたり、感心したりするときに使うとより効果的です。

あいづちは相手の話をしっかり聞いているということをアピールできます。すると話し相手は、自分の話を真剣に聞いてくれていると考えます。話し相手に対して非常にいい印象を与えることができます。

しかし、あいづちは逆効果になるときもあります。

ずっと「はい」とワンパターンに繰り返していたり、「はい、はい、はい、はい」「えー、えー、えー、えー」など繰り返し過ぎるときはいい印象与えませんし、ふざけているのかとも取られがちです。

「ふーん」などは上から目線に感じますのでやめたほうがいいでしょう。それから「へー」という使い方は語尾を上げるのか、語尾を下げるのかで印象がかわります。

あいづちは有効に使うことで、お客様との会話に信用性が出てきます。真剣に聞いているんだなあというように、お客様が理解すれば、そのお客様はどんどんいろんな情報を話してくれるようになります。

このいろんな情報が非常に大切で、お客様が何を求めているのかなどがわかるようになってきます。

10

思った以上に気になる「相手の目線」

人と話をするときの基本のひとつとして相手の目を見て話すことが上げられると思います。

話をしているときに下を向いていたり、きょろきょろしていたりすると、話に説得力がなく、話している人自身も怪しい人と思われます。

アイコンタクトは非常に大切ですが、話しているときにずっと、「じーっと」見ていたら、お客様は圧迫感を感じ、「この人は怖い」という感覚が生まれ、話の内容を理解できなくなります。

目を見て話すときは、ずっとお客様を見つめるのではなく、商品に目を向けたり、ジェスチャーで手に目を向けたりすると、自然に目線をずらせます。

ポイントは、「自分が大事だと思うところ」、「理解してほしいところ」「主張したいところ」でしっかりとアイコンタクトをするということです。

なかなか相手の目を見ることができない人もいると思います。そういう人は、最初から両目を見ることができないと思いますので、まずは、相手の片目だけを見るとか、目ではなく、眉間の辺り、つまり目の周辺を見るというようにするといいと思います。

相手は自分の目を見ていると感じます。

絶対に注意しなければいけないことは、お客様のなかには、顔にコンプレックスを持っている人がいるということです。

例えば、鼻や額に大きなホクロがある人、男性では額の上がっている人などいらっしゃいますが、人間は自然と気になるところに目線がいきがちです。相手はコンプレックスを感じているだけに見られていることを敏感に感じます。

11 大事なことは、しつこいくらいに繰り返す！

相手に大事なこと、大切なことを話しているつもりでも、伝わっていない場合がよくあります。

このようなときは、自分が相手に大事な話をしているのはわかっていますが、相手は初めて話を聞いているので、大事な話なのか、そうでないのかはわかっていません。

はじめの段階で大事な話だとわかっていればいいのですが、会話の中で大事なことが出てくることが多いですので、はじめから理解させるのは難しいものです。

最も効果的に大事なことをしっかり伝えることは同じことを何回も繰り返して話すことです。

何回も話されると、まず「なぜ何回も話すんだろう」という気持ちになってきます。そこから相手は大事な話なんだと推測できます。

そして何よりも、何回も話すことで相手の頭の中に記憶として残ります。

エステサロンでお客様に商品を販売する場合も同じです。

お客様に大事なところを理解していただかなくてはいけませんので、淡々とひと通りの説明だけをしたのではお客様は商品の良さや特徴が理解できません。

お客様に説明、プレゼンテーションをするときは、その商品の特徴、たとえば商品の効果、効能について、他社よりも何がすぐれていて、どれくらいお得なのかなどを、繰り返し説明することです。

+Point 1

自然にくり返すことができるようになればＯＫ！

12

身ぶり、手ぶりを効果的に使う方法

会話中の身振り、手振りを効果的に使うことができれば話を的確に伝えるための補助をしてくれます。

言葉はお客様の耳にしか入りませんが、身振り、手振りは視覚で捉えてくれます。要するに、話を理解しやすくなるということと、話の内容が印象に残りやすくなります。

例えば、電話での話は相手の言葉しか聞こえません。相手への情報伝達ルートは言葉だけで、聴覚しか刺激できません。

同じ話をするにしても、人と合って話をしたほうが、なんとなく相手を理解でき、話もよく理解できたというようなことがあると思います。

誤解を招きそうな話や、重要な話は、文章や電話ではなく、実際に会って話をするはずです。

電話より、会って話したほうがより内容が伝わるのは、その人の顔の表情や身振り手振りによよって重要性が伝わってくるからです。

要するに、耳だけの情報ではなく、目からの情報も重要だということなのです。

お客様と直接面と向かって話ができるということは、たくさんのことを理解してもらうことができるということです。

しかし、お客様と話をしているとき、身振り手振りがなく、顔の表情を変えず話すとあまり話しが伝わりませんし、むしろまったくどうでもいいという話として捉えられてしまい、逆効果になります。

また、闇雲に手を動かしていると、「あわててるのかな」とか、「せっかちな人だな」とか、「落ち着きがない人」などに見られてしまうので、これも逆効果になってしまいますので注意しましょう。

話をしているときに、効果的な身振り、手振りは話の内容と一致するようにすることです。

例えば1日3回使ってください。などというときは、指を使って1日のときは人差し指1本をだし、3回のときは指を3本だすということです。

それから、「この化粧品はお肌への吸収率が高いのです」などというときは、手を下から上へ上げます。また「皆さん使われていますよ」、なんていう場合には、両手を広げて話をする。

13 思考や見方を変えることが重要

人はそれぞれ、考え方やものの見方が違います。サロンに来るお客様もそれぞれ違います。お客様にはいろんなタイプの方がいます。エステティシャンとまったく違った考え方を持っていることも多々あります。そんな時は、自分の考え方を押し通すのではなく、お客様に対する見方を変えていくことが必要です。

物事がマイナスに見えるときも、実は違う角度から見ると、ポジティブな捉え方に変えることができます。

【物事をポジティブにとらえる例】

◇階段から滑り落ちてしまった

↓なんて運が悪いんだ。アザだらけだ。（マイナス思考）

↓骨を折らなくてよかった。アザで済んで良かった。（プラス思考）

◇一円単位まで割り勘にする彼氏

↓細かくて嫌な感じ（マイナス思考）

↓細かいことまできっちりとしてくれる完璧主義な彼氏（プラス思考）

◇部屋が汚い

↓大雑把でだらしがない（マイナス思考）

↓大らかで細かいことは気にしない（プラス思考）

自分の枠のなかの考え方ではマイナスなことでも、別の人から見ると、プラスなことになる場合があります。短所だと思い込んでいたことでも、捉え方を少し変えるだけで、思わぬ長所になることだってあるのです。

お客様との会話にマイナス思考なことがあった場合は見方を変え、プラスに変えることをしてみましょう。

14 「あなた」を「私」に変えてみよう

人に攻められたり、押し付けられたりしたら誰もが嫌な気分になってしまいます。自分が何か嫌な思いをしたときは、相手を責めたり、相手に押しつけたりするのではなく、まずは自分の置かれた状況、そのときどう思ったのか、それによってどんな影響があったのか、などを伝えるようにしましょう。

【主語を「私」に置きかえる例】

↓（あなたは）なぜ掃除をしないんですか！　何度も言いましたよね。

↓（私は）サロンが散らかっていると、落ちつかないんです。みんなで使う部屋だし、私は部屋はキレイなほうが使いやすと思うから、使ったものは、片付けて欲しいんです。

↓（あなたは）何でこんな時間まで戻ってこなかったのですか！（あなたは）連絡くらいできたでしょ！

↓（私は）こんなに遅くなるなんて、あなたに何かあったのかと、すごく心配でした。（私が）心配だから、遅くなるなら連絡をしてください。

「あなた」を主語にしてしまうと「責められた」「押しつけられた」という感情を抱いてしまいます。主語を私に変えることで、あくまでも自分の気持ちということになり、それを伝えているだけなので、相手の心に届きやすいのです。

人を褒めるときも、使うことができます。

↓君はいつもよく気がつくね！

↓私は、君がよく気づいてくれるおかげで、いつもとても助かっているよ！

など、主語をあなたから私に変えることで相手に伝わる印象が変わるのです。

第5章

お客様の「心理」を徹底的に理解する

1 お客様は、座る位置関係で意識が変わる

座ってお客様と話をするとき、意識して座る位置をきめるとよいでしょう。お客様は相手の座る位置によって意識や、感覚が違ってきます。

①お客様の正面に座る

この座り方は、基本的には交渉ごとを進めるときに座る座り方です。要するに、相手との対立関係にあたってしまうのです。商品の説明をするときなどは相手との対立関係にあるわけではありませんので、いちばん初めに話をするときは、あまりこの位置で座らないほうがよいでしょう。

お試しなどが終わり、最終的なクロージングの際の金額の話などを行うときは、

正面に座ってもよいと思います。

②お客様のやや斜め前に座る

この座り方はお客様との対立関係がなくなりますので、自然に会話ができるようになり、コミュニケーションがとりやすいと言われます。

極端にななめになると不自然になってしまいますので、お客様が違和感を覚えてしまわない程度の、適度な距離感で座ることを意識しましょう。

③斜め90度の位置に座る

この位置関係が、最も気軽に話ができる座り方です。距離が近すぎず、遠すぎず、お客様とカウンセリングなどをするのには最適でしょう。

最初のコミュニケーションをとるときのソファやテーブルの位置をこの配置にしておくと、違和感なく自然と話ができるでしょう。

④お客様と横に並んで座る

この座り方は、お客様との距離が一番近くなります。

相手の目は見づらくなりますが、直接目を凝視しませんので、お客様は距離が近くても違和感を覚えないでしょう。

これは座っているときだけではなく、立っているときに、お客様の真横にポジションを取り、商品の説明をするときによいでしょう。

恋人同士が一番話しやすいと言われているのは、車での助手席と運転席に座ってドライブするときです。

とくにまだ付き合いの浅いカップルはあまり目を見て話せないことが多いですので、ドライブでの運転手と助手席だとあまり近すぎず、かといって遠すぎず、あまり目を見なくてもいいので、緊張も和らぎます。

そうすると会話もしやすくなるのです。

2

お客様は、得をしなくてもいいが、損はしたくない

得をするということを嫌がる人はほとんどいないでしょう。しかしこの得というのは、時にはとくに必要ないと思うときがあります。

たとえば居酒屋の帰りにもらえる、次回来店時の割引チケットです。渡されても得をしたとあまり思わないはずです。むしろまた来るかどうか微妙なら、いらないと拒むときもあるはずです。

1か月後、また同じお店に来たとします。前回チケットをもらっていて、持ってきた人は得をするはずです。しかし、前回割引チケットを拒んだ人はおそらく損をしたと感じるはずです。

本来チケットサービスがなかった場合は、損得は関係ないはずなのに、たまたま割引チケットを知っていたばかりに、損をした気分になります。

また、友達が旅行に行ってお土産を買ってきてくれたとき、周りの人はみんなお菓子2個もらったのに、自分だけはたまたま数が足りなくなり、1個しかもらえなかったら、その人はたちまち損をしてしまった気分になります。

人はこの損をしたという気分になることが、たくさんあるのです。本来もらえないのが当たり前でも、周りの人がもらっていて、自分だけがもらえないと損をした気分になってしまいます。つまり周りの人がやっていて、自分だけができない、もらえないとなると損をした気分になってしまうのです。

お客様が複数いたときはすべてのお客様に平等に接客サービスをしないといけないということです。

「損」をしたという気持ちは、なかなか消えません。この損をしたという気持ちが消えない限りは、お客様が再来店してくれる可能性は低くなります。

3 お客様は、否定されるのが嫌いである

友達と会話をしていて、やたらと人が言ったことを否定する人がいると思います。そのような人をどう思っているでしょうか？　おそらくあまり話をしたいとは思わないはずです。

ではこれが実際に、お客様とスタッフ間で行われたらどうでしょうか？　お客様はもう、そのエステティシャンとは話したくないと思うはずです。

たとえば最初の段階でこんな会話になったらいかがですか？

お客様「毎日、化粧水しかつけてないんです」
エステティシャン「それはダメですね！　しっかりと美容液、乳液をつけてくださ

い」

お客様「普段のダイエットは食事制限だけでおこなってます」

エステティシャン「それはもっとも健康に悪いダイエット方法ですからやめてください」

このような、お客様とのファーストコンタクトのときに、お客様の間違いを頭ごなしに否定をしてしまうのはどうでしょうか。もう会話が続かなくなり、お客様は何もいわずに黙ってしまうのではないでしょうか。

決して悪気があって言っている訳ではありませんが、このようなちょっとした会話でお客様の気に障ることがあります。

例

お客様「毎日、化粧水しかつけてないんです」

エステティシャン「そうですか。普段は化粧水だけでのケアをされているんですね」

お客様「普段のダイエットは食事制限だけでおこなってます」
エステティシャン「そうですか。今までは食事制限によるダイエットをやられていたんですね」

基本的に人間は自分が間違っていたとしても否定されると決していい気分にはなりません。
カウンセリングを行うに当たっては、まずはお客様を否定してはいけません。いったんお客様の事実を受け入れましょう。

4 お客様は、高額商品を購入するときは不安になる

例えばエステティックサロンには化粧品や自宅で使う美容機器、または、痩身コースなど数千円から数十万円と幅広くさまざまなものが売られています。

もちろんエステティシャンはお客様に高額な商品を買っていただくのがうれしいはずです。

しかし逆にお客様は安く何とかならないかということを思っています。

エステティシャン……いいものを買っていただきたい（高いこともある）

お客様……できれば安いものでなんとかしたい

このような図式ができあがります。まったく考え方が違っているのです。これで

はなかなか話が進みません。

商品を買うときに人はどんなことを考えるのかということですが、100円ショップなどで何かを買うときに、特に何も気にしないで買うと思います。

これはその商品にちょっと不具合があっても「100円だし」、「安かったし」、「仕方がない」というようなことで片付いてしまうからです。

夕方のニュースなんかでたまに、欠陥住宅のことが取り上げられます。家は数千万円です。その家に不具合が生じたら、「まぁいいかぁ」「仕方ない」で済ませる人はいないでしょう。

高額商品を買うときはお客様は本当にいいのかどうか不安です。高ければ高いほどその不安はたくさん出てきます。

エステティシャンはその不安をひとつずつ取り除くために、わかりやすく、丁寧に説明することが必要です。

5 お客様は、自信を持ったエステティシャンを求めている

家は買えば家が形としてのこります。しかし、エステティックはサービスですから形にはのこりません。

たとえば痩身コースは、「このコースを一定期間やると痩せますよ」というものです。これはやる前の段階では本当に痩せるかどうかわかりませんので、お客様は不安です。

形に残らず、効果が出るかどうかわからないものを買うときほど不安なことはありません。しかも数十万円という、たいへん高額なものですから。

形に残らないものに数十万円は高い……不安

効果が出るかどうかわからないものに数十万円は高い……不安

この2つの不安を解消しない限りお客様は購入してくださいません。

形に残らないものに対する不安には、スタッフがお客様とどのように関わっていくかをきっちり説明する必要があります。

お客様をどのように応援していくのか？　どのようなアドバイスをするのか？

それから、マッサージや、機械による体質の改善の重要性などの説明です。

効果が出るかどうかわからないものの不安には、お店の過去の実績をまず説明します。何割のお客様が、どのくらいの期間で、どのくらい痩せたのかという、客観的な事実を示すことです。

それから、スタッフが「責任を持って痩せさせてみせます！」という自信を持って話をすることです。自信のない人は余計に不安になります。

また、最初のお試しのときに効果を実感していただくのが一番よいでしょう。つまり、1回で効果の実感できる技術が必要となります。

6 お客様は、後悔をしたくない

お客様は決して損はしたくないということを述べましたが、これは高いものでも安いものでも、そのお客様が満足できなかった場合には損をしたと思ってしまうのです。

ここではお客様が高額商品を買うときにはどんなことを望んでいるのかということを説明したいと思います。

このことが事前にわかっていれば、それをふまえて説明できます。

「得をしたと思いたい」

損をしたくないということがありましたが、高い商品であればあるほど、その金額以上の価値があったと思いたいですし、いいものを買ったと思いたいものです。

つまり、得をしたと思いたいということなのです。

これは商品以外のところでの話になります。

たとえば電化製品であれば、アフターサービスの保証の充実、取り付け工事サービスなどです。高くてもこのような保障やサービスがつくことによって、お客様は納得するはずです。

「長く使いたい」

たとえば冬物のコートを買うときを思い出してください。

おそらくほとんどの人は、高価なコートを買うときは長く使えるから、などと心に決めて買うのではないでしょうか。

それからある程度高額の電化製品を買うときは、どうせ買うのなら少しくらい高くても長く使えるものを買おう、と考えるはずです。

人の心理には高いものは長く使えて当然という考え方があるのです。このような考え方を無視してしまうと、絶対に買っていただけません。

「他の商品よりも優れているものであってほしい」

これは、性能の問題です。高いものはいいもので、優れていると思うのが普通の人の感覚です。

そして金額が同じであれば、自分が買ったものが一番優れていると思って買いたいはずです。

同じ金額で他社製品より性能で劣っていることに気付いたら、そのお客様はまず、店員に騙されたと思いますし、損をしたとも思うはずです。

このような場合他社製品より劣っている部分もあれば、優れている部分もあるはずなのですが、ほとんどの人はその一部の劣っているところだけが気になってしまい、損をしたと思ってしまうのです。

お客様に高額商品を買っていただくときは、会話、商品の説明には注意が必要なのです。このようなことを事前に理解しておくことで、お客様との接客がスムースに運ぶことができるようになるのです。

7 お客様は、話し方で人柄を判断する

話し方は、声の大きさ、敬語、テンポ、抑揚などです。

とくに最初の挨拶は、非常に重要です。

最初の挨拶は明るく元気よく、少し高めの声を出しましょう。挨拶でお客様の心をつかむことができても安心はできません。お客様とコミュニケーションが取れるようになったら、次に大切なのは話し方です。

まず、敬語は絶対です。１００％正しい敬語使える人は少ないと思いますが、とりあえずは丁寧な言葉遣いを意識しましょう。たとえ自分よりも年下のお客様だと思っても敬語を使いましょう。

それから、略語や流行言葉などはあまり使わないほうがよいでしょう。これらは客層よって違ってきます。10代のお客様がほとんどのお店は友達感覚で接しているところもあるはずです。最近の若い人は友達感覚を好む人も増えています。友達感覚で話せるようなお店では、若者の中での流行の略語などを使うのは問題ないでしょう。そこから売上げにつながってきます。

しかし、年齢層が高めの売り場では今のような接客はご法度です。また、高級感を売りにしているところでは、年齢層が低かろうが、高かろうが、しっかりと敬語、丁寧語を使った接客が絶対です。

会話中のテンポも大切です。話の途中で会話が途切れ、無言の状態が続くとお客様は気まずくなってしまいます。会話が途切れないようにしましょう。

いくら見た目の第一印象が良くても話し方がいい加減だと、人はその人をいい加減な人だと判断してしまいます。

8 お客様は、都合の悪いことは忘れる

人間の心理のなかには、逃避行動ということがありますが、これは自分が嫌なことや都合の悪いことは忘れようという行動です。

人間は元々いろんなことを忘れます。1年前のことを思い出してください、と言われても、おそらく覚えているのは、旅行に行ったこと、誕生日のことなど、本当にインパクトのあることだけでしょう。

それ以外のことをこと細かく覚えている人はいないはずです。

たとえば、○月○日は何時にご飯を食べて、何時に寝ましたか？　などと質問をされても答えられません。1週間前のことでも思い出せないでしょう。

とくにこれは特別な出来事ならまだ覚えていることはありますが、聞いた話に関

していえば覚えていることは皆無でしょう。伝言ゲームを例にとってもおわかりだと思いますが、聞いた話をその場でもそのまま伝えることはできません。

お店の中であるのはお客様が「先週きて話を聞いたんだけど、違うスタッフは◯◯って言ってたけど、あなたといってることが違うじゃない」というような光景はよくあると思います。

この場合ほとんどはお客様の勘違いや受け取り方を間違っている場合が多いですが、お客様はそんなことは関係なく思い込みで話してきます。これは決してスタッフが悪いわけではありませんが、結果としてクレームになってしまっているのです。まったく関係ないところで、お客様を逃がしてしまうことになります。

このようなことにならないために大切なこと、理解していただきたいことは、ゆっくり何回も話すことです。

さらにメモを書いて渡すというのもいいでしょう。

誤解されてしまってはお店の評判に関わってきます。1人のお客様を大事にすることで、お店の売上げにつながっていくのです。

おわりに

エステサロンのイメージを悪く持っている方々がいるのは事実です。

この本でお伝えしてきたとおり、最高のおもてなしでお客様にご満足いただけるすばらしい仕事なのに、なぜイメージがわるくなるのでしょうか？


私はこの業界に入り、多くの矛盾を感じました。

「押し売りされた」

「無理やりコースを進められた」

そんな、悪いイメージを持たれているお客様は少なくありません。

しかしこれは、実はエステティシャンが押し売りしているわけでもなく、無理やりコースを進めているわけでもないケースのほうが多いのです。


ではなぜこんなふうに思われるのでしょうか？

いくら正しいことを言っても、お客様がそれを求めていなければ、ただの押し売りになってしまうんです。お客様が正しく理解していなければ、無理やりすすめられた気になってしまうのは当然です。

つまり、お客様とエステティシャンの間でギャップがある、ということです。

「正しいことを伝えたい、これをやれば絶対きれいになれる」。

そんな思いで一生懸命にお客様に提案をしているはずです。これは、押し売りでもなく、強引な勧誘でもないんです。ただ、お客様の話をしっかりときいていないからおこるトラブルなんです。

お客様の知りたいことが、実はまったく違うことだったら、正しいことも、決していいこととは思いません。

エステティックは2006年に経済産業省の重点サービス産業とされて以来、注目を浴びています。

なぜエステティックなのか？　それは、すべての女性の「いつになっても美しくありたい」という願望は、なくならないからです。

その女性の声にお答できるのが、エステサロンなのです。


２０１０年には割賦販売法が改正され、以前のような高額契約はできなくなってしまいました。

コース契約をすることで、お客様は「最低限のレベル」があれば、続けて来店する仕組みだったのです。

しかし近年、なかなかコース契約をできることが少なくなりました。とくに小さなサロンでは、分割決済などの仕組みを取り入れられないのが現状です。


つまり、このようなサロンは、毎回、毎回、お客様を満足させなければリピートしていただけないということなのです。

お店の雰囲気、施術の効果、会話、雑談すべてにおいて満足頂かなければならないのです。このうちのどれかひとつかけてもリピートしてくださりません。

「来週あいているかしら」

「また、あなたに会いにくるわ」


毎回、お客様からこんなお言葉をいただけると最高ですよね。


お客様の満足はエステティシャンの満足……。

そんな気持ちで始められたサロンのはず。来店される**すべてのお客様に満足、そして感動をも与えられるサービス**を提供していただきたいと思います。

これから皆様のサロンでのご活躍を期待しております。最後まで、この書籍を読んでいただきありがとうございました。本当に感謝いたします。

また、今回の書籍の執筆にあたり、貴重な情報をご提供いただいた、日本スキンケア協会認定講師の新井陽子様に深く感謝いたします。

小野浩二

【無料レポートプレゼント】

お客様の心をつかむカウンセリング術＆できるスタッフを育てる育成術

をまとめたレポートを無料でプレゼントいたします。

以下の URL からエステ王子のメルマガ登録で
無料レポートをプレゼント。
限定 300 名様ですので、登録はお早めに。

☞「サロン経営のヒント」を定期的に配信中

http://skincare.or.jp/mail

【無料レポートプレゼントの内容】

特典 1　新規客をリピートさせるカウンセリング術
特典 2　新規客とすぐに距離を縮めコミュニケーションがとれる接客法
特典 3　入会率がアップする顧客タイプ別接客術
特典 4　ついつい来たくなる、サロンでのキャンペーン、イベント7つの成功事例
特典 5　売上を上げるスタッフを作る意識改革法
特典 6　スタッフ育成のためのコミュニケーション術
特典 7　「スタッフ」と「オーナー / 店長」とのギャップを解消する方法
特典 8　スタッフをやめさせない育成法
特典 9　スタッフがイキイキと働くサロンにするために必要なこと
特典 10　Face book 基本講座　フェイスブックの活用法と友達を効率よく増やす方法

さらに、
おまけ！

☆お客様からよくある「答えづらい」スキンケアに関する質問回答例

小野浩二（おの・こうじ）
株式会社シードリーム代表取締役、日本スキンケア協会理事、日本ダイエット健康協会理事。美肌・小顔専門家。新潟県生まれ。国士舘大学体育学部を卒業後、大手エステティックサロンに勤務。社内で、技術、売上げ、カウンセリング入会率No.1となり本店店長を歴任。その後、大学院進学を機に退職。2008年には日本エステティック協会創立35周年記念エステティックコンテスト全国大会で並みいる女性エステティシャンを退け優勝。「エステ王子」誕生で話題を集めた。
現在はエステサロンのプロデュース、エステ技術・メニュー開発、売上アップなどのコンサルティング業務を行う傍ら、女優やモデルなどの施術、エステ専門学校の講師、エステ専門誌への連載、講演、セミナー、執筆活動等も行う。また、医師、大学教授らとともにダイエットやエステティックの研究なども行っている。著書に『エステサロンの始め方・儲け方』（共著、小社刊）等多数。

web　http://www.esthe-oji.com
mail　info@esthe-oji.com

人気《にんき》サロンに学《まな》ぶ なぜかまた会《あ》いたくなる
魔法《まほう》のカウンセリング

2012年11月26日　初版発行
2025年4月8日　8刷発行

著者　小野浩二
発行者　和田智明
発行所　株式会社 ぱる出版

〒160-0011　東京都新宿区若葉1-9-16
03(3353)2835ー代表　03(3353)2826ーFAX
03(3353)3679ー編集
振替　東京 00100-3-131586
印刷・製本　中央精版印刷(株)

ISBN978-4-8272-0755-2 C0034